I0787418

Diseño de portada y maquetado: Punto&Coma.
Imagen de portada: collage de P&C.

Proyecto gráfico e impresión: Punto&Coma, servicios editoriales.
informes@librosinvisibles.com - 33 1482 2765
www.librosinvisibles.com/puntocoma

ISBN-13: 978-1725663022
ISBN-10: 1725663023

Esta obra se terminó de imprimir en agosto de 2017.
Se hizo un tiraje de 1000 ejemplares.
Impreso y hecho en México.

— SOFÍA SMEKE M. —

POR FIN, FIN AL BULLYING

una guía para padres y maestros

PUNTO&COMA, EDITORES

La gente herida hiere a la demás gente.
Así es como los patrones de dolor pasan
de generación en generación.
Rompe la cadena hoy.
Combate la ira con simpatía,
el desprecio con compasión,
la crueldad con amabilidad,
sonríe, perdona y olvida los reproches.
El amor es el arma del futuro.

—Yehuda Berg

Prólogo

Me llamo Sofy Smeke, soy una feliz mamá de tres hijas y abuela de cuatro hermosos nietos que son la felicidad más grande de mi vida. Me he dedicado a la educación y a la psicoterapia por más de veinte años, enamorándome en esta bella labor de la esencia que existe en cada ser humano, desde la más tierna infancia hasta la adultez más compleja, pasando por la difícil etapa que representa la adolescencia.

En este proceso me queda claro el valor implícito de cada ser humano, su derecho al respeto y a la dignidad de su propia persona, mismo que es inalienable y bajo ninguna circunstancia debe ser ultrajado o profanado por ningún otro individuo, así sea un familiar, una autoridad ni cualquier otra persona.

Es precisamente este derecho básico el que me motivó a escribir la presente obra. Idealmente una madre espera nueve meses a su hijo, lo aguarda y protege desde el vientre y cuando nace ló atiende y procura con amor, mimos, cariños, atención y esfuerzos; se entrega a la labor de que este pequeño ser crezca y se convierta en un maravilloso ser humano, pero sobre todo, toda madre aspira a lograr que esta personita llegue a ser feliz. Y en medio de este proceso de crecimiento y amor –me pregunto– ¿con qué derecho un individuo, sea de la familia o una autoridad o quien sea, se atreve a irrumpir dolosamente en el crecimiento de este ser?

En este libro analizo las circunstancias que generan el bullying o acoso escolar y cómo éstas afectan en el proceso de crecimiento y desarrollo de los niños y jóvenes involucrados en este doloroso fenómeno; expongo la forma óptima para evitarlo, cómo intervenir en una situación a tiempo y finalmente recomiendo cómo devolver a nuestros niños su derecho a crecer como en libertad en un ambiente libre de bullying.

Espero que las palabras vertidas en este libro sean de utilidad para los padres de familia y los profesores y que los resultados que se arrojan tras el análisis le den luz a la vida de los niños y jóvenes.

Historia del bullying

Hasta hace pocos años la palabra bullying no era conocida en el idioma español y mucho menos en México; sin embargo el bullying ha existido siempre.

La palabra *Bullying* viene del inglés y significa textualmente: matón o bravucón. Se traduce como acoso escolar.

María Souto (Citada en "Violencia en la Escuela", pp. 15) define el *bullyng* como "una forma de violencia que se define como una agresión intencional, que se da repetidas veces; por ejemplo, molestar, burlar, amenazar, golpear, asaltar y es hecha por una o más personas en contra de otra".

El acoso escolar siempre ha existido. La mayoría de las personas que asistimos a un centro escolar recordamos uno o varios episodios en los que algún compañero, o quizá nosotros mismos, fuimos víctima de agresiones verbales, físicas, psicológicas y/o emocionales por parte de algún compañero más fuerte, física o psicológicamente y por lo general el abusador se encontraba acompañado por sus secuaces.

Estos episodios eran dolorosos tanto para quien los experimentaba como víctima, como para los que observaban el suceso y aquellos que lo ejecutaban.

El interés sobre la problemática bully/víctima nació originalmente en Suecia entre los años sesenta y setenta y se esparció rápidamente hacia los países escandinavos. Por ejemplo, hoy sabemos que el bullying en Noruega implicaba un gran conflicto que preocupaba a padres y maestros aunque las autoridades no se involucraban. Sin embargo, hacia 1982 un periódico reportó que tres chicos de entre 10 y 14 años se suicidaron por problemas relacionados con bullying, lo cual creó una gran tensión entre padres de familia y generó un auténtico interés por el fenómeno.

Posteriormente se encontró que en asesinatos masivos en escuelas y universidades norteamericanas el ejecutor poseía el perfil de un chico que había sido fuertemente agredido y violentado por sus compañeros a lo largo de su vida escolar, lo cual generó aún mayor interés en conocer y detener el fenómeno..

Dan Olweus –entre 1986 y 1991– definió el bullying o victimización de esta forma: "Un alumno es victimizado o bulleado cuando él o ella es expuesto en forma repetida y a lo largo de un periodo indefinido a acciones negativas por parte de uno o más alumnos".

Al hablar de "acciones negativas" Olweus se refiere a acciones que un individuo inflige intencionalmente o amenaza con infligir, lastimando de alguna forma, es decir, a un comportamiento agresivo que puede manifestarse de diferentes modos, los cuales trataremos más adelante.

A lo largo de este libro comprenderemos qué es el bullying, cómo se genera, cómo se evita, formas adecuadas para intervenir en él, pero sobre todo comprenderemos por qué hoy más que nunca este proceso ha crecido en calidad y cantidad.

CAPÍTULO II

Crisis en la educación

En los años posteriores a la Segunda Guerra Mundial, entre los años cincuenta y setenta, la educación se percibía como una estructura muy rígida. Esta situación empezó a generar cambios a partir de los años sesenta con la aparición del movimiento hippie y la liberación de la juventud de estructuras rígidas que se oponían a todo tipo de convencionalismos, sin embargo, los efectos de este tipo de emancipación se empezaron a vivir y a experimentar en la educación de forma cotidiana más tarde.

Los que fuimos hijos y alumnos de esas épocas recordamos que las pautas de conducta estaban establecidas tanto en casa como en la escuela. Sabíamos perfectamente "qué se podía y qué no", "qué se valía y qué no". La palabra del padre, madre, maestro o director era una y no había espacio para permisos, actitudes lacias por parte de la autoridad, condescendencias o aprobaciones para no cumplir con lo que la autoridad dictaba. Nos quedaba claro lo que la autoridad esperaba de nosotros y frecuentemente esta autoridad era implícita, es decir, ni siquiera se tenía que explicar con palabras, el mensaje era claro y contundente, con frecuencia no se necesitaba más que una mirada para comprender lo que se esperaba de nosotros.

En un espacio como este no había oportunidad para permitirnos faltarle el respeto a los padres, maestros o alumnos. El respeto era dado como norma, formalidad y forma de vida y no había lugar para cuestionar a la autoridad.

Al paso de los años esta forma de educar se confundió y con la llegada del movimiento de liberación hacia normas más rígidas como un proceso que "traumó" a los niños y adolescentes, alejándolos de sus padres y maestros impidiéndoles crear lazos afectivos y vínculos más profundos. La nueva bandera de la educación pregonaba desear ser "amigos de los hijos y los alumnos", sin notar los padres que en este proceso dejábamos huérfanos a nuestros hijos y a nuestros alumnos sin guía y definitivamente solos y sin brújula en una sociedad difícil de manejar.

Y digo "se confundió", porque a mi parecer tener una estructura nunca ha sido algo negativo, ni ha traído malos resultados. La estructura y la disciplina establecida con amor y congruencia a la edad e intereses de los chicos, proporciona seguridad y tranquilidad. Se sabe con certeza hasta dónde se puede llegar, qué se puede hacer, qué no, y el tener esta certeza evita ansiedad y precisamente el deseo de probar ciertas conductas permisivas o que parecen ambiguas y que suscitan problemas, agresiones y disrupciones de conducta.

Muy probablemente lo que faltó en ese tiempo fue el manejo de una comunicación más fluida entre padres e hijos y el manejo de las emociones, siendo esto precisamente lo que provocó la falta de vínculos más fuertes.

Es importante reconocer que la estructura siempre ayuda, reitero finalmente es ésta la que nos proporciona seguridad, el conocer las reglas del juego, aprender a tolerar la frustración y marcarnos una meta y un camino para alcanzarla, habilidades que hoy poseen pocos niños y, en algunos casos de un modo débil.

Son dichas habilidades las que generaciones como las anteriores tuvieron que desarrollar con base a la estructura para salir adelante y que en su momento evitaron, si no todos, muchos casos de bullying, situación que hoy tristemente sucede muy poco

CAPÍTULO III

El bullying siempre ha existido

*Dura un segundo, pero su efecto podría
no borrarse nunca.*

El bullying siempre ha existido en mayor o menor grado, sin embargo, en la actualidad ha aumentado tanto en calidad como en cantidad, ¿a qué se debe esto?

La transformación del bullying obedece a diversos factores, tales como la calidad de información que circula actualmente día a día sobre la violencia social en todos los ámbitos, tanto en lo particular como en lo referente a guerras y situaciones que involucran el terrorismo, tanto en nuestra ciudad, nuestro país, como a lo largo y ancho del planeta se encuentra disponible en forma inmediata, tanto para adultos como para jóvenes y niños. Esta situación nos convierte en seres inundados de información como en ninguna otra época sucedió. Desafortunadamente esta circunstancia provoca un triste fenómeno que genera que nos acostumbremos a la violencia y la veamos como parte de nuestra vida cotidiana. Escuchar sobre atentados terroristas, cifras enormes de personas violentadas, atacadas o fallecidas en distintas formas de ataques, asaltos, secuestros, violaciones y/o agresiones de distintos tipos ya no logra sorprendernos y la violencia se convierte en un evento cotidiano para todos, tanto chicos como grandes.

Los contenidos cargados de violencia, aunados a los emitidos por telenovelas, películas, caricaturas e incluso videojuegos de todo tipo, influyen de forma determinante en la formación de valores que definen y explican el tipo de convivencia social de nuestros niños y jóvenes, los cuales miran la violencia y la agresión como una pauta normal de comportamiento. De este modo ellos aprenden a relacionarse de una forma violenta y agresiva simplemente porque no conocen otras formas de interactuar entre ellos y de resolver sus problemas.

Los modelos presentados en estos medios y muy frecuentemente por el ejemplo de los mismos padres y alentados por éstos, son prototipos de personajes groseros, prepotentes, agresivos y violentos; con frecuencia estos personajes son atractivos, poseen poder, dinero y son famosos, lo que genera que sus conductas y sus atributos confundan a niños y jóvenes en cuanto a los valores a seguir en el alcance de una convivencia con base en la tolerancia y el respeto.

Cabe destacar que los modelos aprendidos a través de los medios de comunicación no son los únicos que adoptan los niños y los jóvenes en sus vidas; afortunada o desafortunadamente ellos aprenden del ejemplo, a través del modelo de sus padres, de cómo se tratan y se hablan entre sí, a través de la forma en que se relacionan con los demás, incluyendo muchas veces a los maestros e incluso al personal de servicio o a otras personas.

Niños y jóvenes aprenden a modelar su conducta a través de la forma en que los padres viven en el mundo, culpando a otros de sus fallas o problemas o no asumiendo su responsabilidad, justificándose por tratos indebidos hacia otros o justificando acciones en las que claramente los valores no son una prioridad a seguir.

No podemos olvidar que del "75% al 80% del aprendizaje se moldea", esto quiere decir que se transmite a través del ejemplo y únicamente solo del "20% al 25% del aprendizaje se aprende de una forma formal", por lo que el dicho que dicta: "las palabras enseñan, pero el ejemplo arrastra" es una clara muestra de lo que hoy en día sucede y de la responsabilidad que los padres tenemos en la educación de nuestros hijos.

Debemos recordar que la educación ha cambiado drásticamente, situación que genera que el bullying se desarrolle de forma más virulenta y agresiva.

En los años posteriores a la Segunda Guerra Mundial –años cincuenta y sesenta– en términos generales la educación era rígida, con base en una estructura determinada en la cual los papeles de los padres, maestros, hijos y alumnos se encontraban perfectamente definidos y no había espacio para vacilaciones. Los niños y jóvenes sabían con exactitud hasta dónde podían llegar y hasta dónde no. La palabra del padre no se cuestionaba y en ocasiones era únicamente necesaria una mirada firme de parte del padre para que el hijo o la hija comprendiera qué se esperaba de él o ella en cuanto a su comportamiento.

Desafortunadamente esta situación se malinterpretó por parte de quienes crecieron en estas décadas, cuando pasaron a ser padres y maestros, culpando a la estructura de "haberlos traumado" por el "maltrato" que recibieron de sus padres y maestros. Estos jóvenes padres levantaron la bandera de querer ser "amigos" de sus hijos y alumnos, dejando en este proceso a niños y jóvenes sin guía, sin estructura y para concluir huérfanos de padres y maestros.

Esos jóvenes padres no comprendieron que seguramente lo que faltó en las épocas de la educación rígida fue un manejo más acertado e inteligente de las emociones y de la autoestima por parte de sus padres, una mayor comunicación y el aplicar la estructura con amor. Sabemos que la disciplina nunca es nociva para los niños y jóvenes, pues aporta seguridad, guía y un marco referencial sobre el cual debemos actuar y obedecer dentro de ciertos parámetros.

La estructura proporciona autoestima y facilita marcarse metas y un camino para alcanzarlas, cuando no existe, los roles se confunden, se sobreprotege a niños y jóvenes haciéndoles creer que merecen todo sin llevar a cabo ningún esfuerzo, que sobre sus manos se encuentra el control de las situaciones, que no deben obedecer a la autoridad y, de esta forma, la autoridad pasa a niños y jóvenes con las fatales consecuencias que ya todos conocemos.

Cuando en un salón de clases se genera un problema de bullying y se justifica al niño abusivo porque "debe defenderse" o porque "es mejor que sea de los que pegan" comienza un penoso camino de acoso escolar en el que tanto bullys como víctimas y observadores pierden, y toda nuestra sociedad se ve involucrada en situaciones de violencia difíciles de detener, todo lo cual se revierte contra nosotros mismos, lo cual se debe en muchas ocasiones a que algunos padres de familia llegan a sentirse incluso "orgullosos" de las acciones agresivas de sus hijos, argumentando que ellos mismos los han aconsejado y les han permitido, a pesar de lo que se diga en el

reglamento escolar, con lo cual la autoridad escolar
vacila y permite situaciones inadmisibles

CAPÍTULO IV

Análisis del fenómeno

Podemos entender el bullying como una forma de violencia y/o comportamiento agresivo, belicoso y provocador, que es dañino y realizado en forma deliberada (a propósito), premeditada y repetitiva con una intención clara y una intensidad mayor de la normal dirigido a un individuo más débil en cualquier sentido (físico o en cuanto a personalidad y/o condiciones sociales o de cualquier tipo) y en circunstancias que impiden que en mayor o menor medida la víctima pueda defenderse.

Es importante señalar la intención y premeditación del acoso escolar, ya que actualmente a todo se le señala como "bullying" cuando no siempre se trata de este fenómeno. Es común escuchar a niños diciendo a sus maestras que cierto niño "le esta haciendo bullying" cuando se trata de un conflicto relativamente normal entre pares o incluso a madres de familia acudiendo a la escuela a quejarse porque cierto alumno "bullea" a su hijo o hija.

Es necesario asumir que entre niños y jóvenes, así como entre adultos, siempre existirán diferencias de opinión, malos entendidos y conflictos. También como padres y maestros debemos comprender que estas riñas o conflictos deben ser solucionados por nuestros hijos y alumnos con el fin de que desarrollen una serie de habilidades sociales que les posibiliten ser más asertivos y adaptarse mejor a su medio; sobreprotegerlos nombrando cualquier conflicto como "bullying" implica no proporcionarles la herramientas necesarias para aprender a valerse por sí mismos o evitar que por sí mismos las desarrollen. Por tanto, es básico enfatizar que como padres y maestros debemos ser cuidadosos y saber distinguir cada proceso y dar al bullying una atención específica, ya que un chico o joven que se encuentra dentro de un proceso de bullying difícilmente puede defenderse y se requiere de un apoyo y de una atención especial a diferencia de los chicos que viven conflictos y riñas que necesitan de nuestra supervisión y escucha oportuna.

El bullying crea un ambiente de intolerancia, desprecio y hostilidad que todos los integrantes del grupo padecen, dentro del cual, como se mencionó antes, nadie gana.

Entendemos el bullying como una forma de violencia y a la violencia como una acción y/o coacción ejercida sobre una persona para influir en ella de una manera impositiva, dañina y dolorosa. Existen diferentes formas de violencia y por tanto distintas formas de bullying.

• **Violencia física:** Implica golpes, patadas, cualquier violencia o daño ejercido sobre el cuerpo físico de la víctima y/o robo de la propiedad, destrucción de la misma, miradas, señas y gestos ofensivos.

• **Violencia verbal y/o intimidación verbal:** Implica la humillación, insultos de todo tipo, burlas, comentarios insultantes, ofensivos, avergonzantes, devaluatorios y denigrantes acerca del físico o la personalidad de la víctima, comprometiendo su dignidad. Se incluyen apodos o sobrenombres, amenazas e intimidaciones.

• **Violencia psicológica:** Implica acciones en las que el acosador puede hacerse pasar por un amigo o no, en las que manipula, acosa, intimida, amenaza y/o exige regalos, dinero, extorsiones y/o ciertos tipos de acciones de parte de la víctima, quien de no obedecer, se ve atacada por nuevas amenazas e intimidaciones.

• **Violencia social:** Implica el aislamiento y exclusión de la víctima mediante chismes, calumnias y rumores que se esparcen por el salón de clases y la escuela —en ocasiones fuera de ésta—, provocando el rechazo y la exclusión de la víctima. En este rubro se incluye todo tipo de violencia y discriminación racial o/y religiosa o de cualquier tipo.

• **Violencia sexual:** Se implica en este rubro todo acto que implique falta de respeto al cuerpo del otro, desde gestos obscenos, comentarios directos o indirectos, chismes, rumores o calumnias que impliquen un aspecto sexual, así como la demanda de "favores o tratos sexuales", tocamientos y hasta actitudes de homofobia, a quien lo sea o parezca serlo.

• **Violencia cibernética:** Todo tipo de comentarios ofensivos, denigrantes, ofensivos, calumnias, rumores, chismes, insultos, fotografías, videos etc. a través de medios electrónicos variados y de redes sociales, donde el acosador o bully, permanece en el anonimato y que pueden llegar a cualquier audencia.

Participantes del bullying

Siempre que existe bullying hay tres tipos de participantes que lo determinan.

Las tres posiciones sufren y obtienen de la vivencia del bullying un aprendizaje sobre una forma de vivir basada en el supuesto de que la violencia es primordial, en lugar de construir las relaciones sobre la base del respeto mutuo.

Los tipos de participantes de bullying son:

• **El bully o acosador:** Es aquel o aquella persona que perpetúa la violencia sobre otro más débil. Muy frecuentemente viene acompañado de otros integrantes que no nada más posibiltan y permiten la violencia sino que le ayudan a infligirla.

• **La víctima:** Es aquel o aquella persona que recibe la violencia por parte del bully y de quienes lo ayudan.

• **Los observadores o testigos:** Son todos aquellos que por medio de su silencio observan, permiten, posibilitan y facilitan la violencia.

Aunque los observadores o testigos *no hacen nada* son la pieza más importante de este fenómeno, ya que son ellos quienes a través de su silencio y pasividad dan el poder al bully y le otorgan la posibilidad y "permiso" de actuar en forma agresiva e hiriente. El "no hacer" y "no decidir", implica "hacer y decidir que suceda".

Edad de inicio

El bullying puede iniciar desde preescolar, ya que desde esta tierna edad se empiezan a vislumbrar ciertas actitudes en algunos niños que gustan y buscan dominar a otros más débiles y que para el logro de este fin reúnen a otros chicos para que los apoyen, en ocasiones con base en miedo o amenazas de algún tipo. Por esta razón es imprescindible mantener esta conciencia desde el preescolar con el fin de concientizar a los pequeños sobre este tipo de dinámicas y actitudes, evitarlas y en su caso intervenir en ellas, para impedir que surjan y que obtengan fuerza y poder a lo largo de los años subsecuentes.

Los momentos más intensos en lo que se desarrolla el bullying es entre cuarto grado de primaria y a lo largo de la educación secundaria; probablemente predomina en estas etapas porque es cuando surge la pubertad y la adolescencia y con el inicio de estos periodos aparece la necesidad e importancia de la socialización.

En estos años son determinantes las relaciones amistosas y el sentirse *populares* como parte de la formación de su autoestima y personalidad. Tener amigos, pertenecer a un grupo social y ser aceptado por los demás representa para estos chicos, en muchos casos, su valor personal.

Al no existir las condiciones necesarias de límites claros y concretos para el logro de una conducta basada en el respeto, así como las habilidades sociales necesarias para hacer y conservar amigo y la vivencia diaria en valores, los jóvenes preadolescentes y adolescentes recurren a una serie de estrategias incorrectas y dañinas para obtener esta popularidad con base en comportamientos y actitudes que amenazan y aterran a los demás chicos, imponiendo así sus propias reglas que no en pocas ocasiones dañan y lastiman a los más débiles, creando con esto un ambiente de tensión donde impera la ley del más fuerte.

La mayoría de los autores coinciden en que hacia los 16 años empieza a descender la frecuencia e intensidad de estas actitudes y seguramente esto se debe a que los jóvenes ya empiezan a pensar por sí mismos y para sí mismos más que en función del grupo, recapacitan entonces sobre su futuro próximo, en lo que desean estudiar o hacer al terminar sus estudios preparatorios y en otro tipo de motivaciones que no están relacionadas con la popularidad y/o la aceptación social.

¿En dónde ocurre?

El bullying generalmente se manifiesta en lugares donde no hay adultos que lo puedan evitar o intervenir: patios, pasillos, baños, autobuses...

Por esta cuestión es obligada una mayor supervisión en estos lugares dentro del centro escolar.

¿Cuándo ocurre?

Como en el punto anterior, el bullying ocurre en momentos en que no hay adultos presentes: en recesos, descansos y en los trayectos.

Preferencias básicas entre niños y jóvenes de distintos géneros

Aunque todos los tipos de violencia pueden ser usados indistintamente por ambos géneros, hay ciertos tipos que son de preferencia básica por un género más que por otro. Por ejemplo, la violencia que ejercen los hombres es más concreta, más abierta y por tanto más fácil de detectar y ubicar, la de las niñas es una violencia más encubierta, "por debajo del agua".

Los niños recurren mayormente a este tipo de conductas:

- **Violencia física** (golpes, patadas, empujones, ataques físicos a la persona, incluso robo de propiedad).

- **Violencia verbal** (gritos, insultos, amenazas, chantajes).

Las niñas recurren mayormente a:

• **Violencia social** (exclusión, chisme, difamación, grupos cerrados).

• **Violencia psicológica y emocional** (devaluación, burlas, gestos, secretos).

Pacto de silencio

El pacto de silencio se refiere a la conducta implícita de un grupo de no denunciar la agresión que se comete a la víctima.

El pacto de silencio no es un pacto que se realiza de forma abierta y consensuada, sino que se encuentra implícito en el acuerdo inconsciente del grupo. Se sobreentiende de alguna forma que el denunciar el comportamiento del bully a una autoridad mayor es una acción que tendrá una consecuencia y que este acto se considerará una traición, la cual que será "castigada", poniendo al traidor en el temido lugar de víctima, por lo que al existir este temor nadie hace nada para evitar la violencia.

Incluso la víctima teme ser mayormente agredida y lastimada si denuncia el maltrato al que está siendo sometida por lo que ella también permanece en silencio frente al abuso.

Los chicos tienden a explicarse a sí mismos esta conducta como un acto de "solidaridad" entre amigos.

Sin embargo, en un pacto de silencio es importante diferenciar entre solidaridad y complicidad.

Un pacto de silencio es un pacto inconsciente que se genera por miedo a ser agredidos y que nos convierte en complices del que violenta y asume, ya que al no hacer nada para impedir dicha conducta se convierte en parte de ella.

Se debe motivar a los chicos y jóvenes a la solidaridad auténtica.

Solidaridad es la acción de denunciar con el fin de ayudar a una persona que se encuentra sufriendo y está siendo maltratada y que en cualquier momento podría llegar a ser uno mismo. Para tal fin es importante proveer a los alumnos de formas de denunciar en las que se sientan seguros y no vulnerables frente a un tipo de acción que ayude a otro, pero que no los ponga en riesgo a ellos mismos. A lo largo del libro veremos diferentes modos guiar a los niños y jóvenes a denunciar de una forma segura.

Razones por las que se genera el bullying

Podemos afirmar que el bullying es un proceso multifactorial, por lo que reducir el problema a una o dos causas sería no entender el proceso en toda su magnitud y fracasar en el intento de evitarlo e intervenir en este doloroso fenómeno escolar.

El bullying posee distintos factores que determinan y/o facilitan que se desarrolle con mayor precisión y velocidad en cuanto a:

• Características en el ambiente afectivo y emocional en el hogar, tanto de agresores como de víctimas.

• Características de personalidad específicas en el niñ@ que acosa o es acosado.

• Características de regulación de la conducta y del aprendizaje socio-emocional en el centro escolar.

- La forma en la que actualmente se educa.

Es un hecho que la forma como se educa en la actualidad influye determinantemente en la aparición del bullying.

Como se mencionó en el capítulo 2, la educación estricta y rígida caracterizada por la falta de manejo emocional que imperó en los años cincuenta y sesenta generó padres y maestros (los padres y maestros actuales) que desean "ser amigos" de sus hijos y alumnos; padres y maestros que aspiran a que los jovenes no se "traumen" por los límites que demanda una estructura clara y firme, dejando con esta actitud a sus hijos y alumnos carentes de guía y sin poder comprender qué es y qué no es correcto en cuanto al trato interpersonal y todo lo referente al desarrollo académico.

Lo más importante es que con su conducta parental carente de una autoridad sana, estos adultos evitan que sus hijos y alumnos experimenten las consecuencias de sus actos, falta de responsabilidad en el ámbito académico y de respeto con sus iguales, al no permitirles aprender "la lección" de forma natural y espontánea.

Nos encontramos padres y maestros sobreprotectores, que han privado a los alumnos e hijos de aprendizajes fundamentales y han obstaculizado el desarrollo de habilidades que los llevaría a ser mejores seres humanos y alumnos y a generar espacios y dinámicas de aprendizaje basados en el respeto.

En la actualidad la educación en general se caracteriza por:

• Falta de una estructura clara y firme en la cual los límites sean determinados y claros, y las consecuencias de una conducta no respetuosa sean anticipables, congruentes, consistentes y coherentes de acuerdo con la edad de los niños o jóvenes.

• Carencia del desarrollo de tolerancia a la frustración frente a una consecuencia; esto se debe a la sobreprotección de los padres dispuestos a evitar que los niños pasen un "mal rato" al vivir las consecuencias de sus actos.

• Pérdida de autoridad de padres y maestros. Como se mencionó anteriormente, esto se debe a que los padres y maestros frecuentemente desean "ser amigos" de sus hijos y alumnos, y en este intento los dejan carentes de guía y huérfanos de padres.

• Pérdida del vínculo familiar. En la actualidad encontramos frecuentemente familias en las que no se ha desarrollado un vínculo afectivo y por tanto un vínculo familiar. Un vínculo afectivo y familiar es la relación íntima que se genera entre los integrantes de una familia en la cual sus integrantes ofrecen y reciben amor, apoyo incondicional, guía y sobre todo contención en todos los aspectos.

• Falta de desarrollo de inteligencia emocional y habilidades sociales. Existe poco o nulo manejo de las emociones; frecuentemente tanto niños como adultos cuentan con un repertorio pobre de adjetivos para nombrar las emociones adecuadamente lo cual dificulta su adecuada identificación y expresión.

• Modelos erróneos a través de los medios de comunicación. Desafortunadamente hoy los medios de comunicación transmiten modelos de relación entre padres e hijos y modelos entre pares que lejos de fomentar relaciones basadas en el respeto mutuo, proveen modelos de conducta y de relación inadecuados.

A continuación nos detendremos a analizar cuáles son algunas de las razones que generan el bullying o acoso escolar en relación con las características del ambiente afectivo y emocional del hogar, tanto de agresores como de víctimas, así como características de personalidad específicas en el niñ@ que acosa, el bully, y en el que es acosado, la víctima, y por último a las características de regulación de la conducta y del aprendizaje socio-emocional en el centro escolar que determinan este fenómeno.

Generación de bullying en casa

• **Falta de modelos adecuados.** Los padres somos el modelo de conducta a seguir de nuestros hijos, para bien o para mal. Podemos educar con palabras, pero el ejemplo arrasará con todo lo que pretendamos expresar por medio del diálogo, como bien lo dicta el dicho: "Las palabras educan, el ejemplo arrastra".

Si con nuestro cónyuge nos hablamos sin respeto, o si tratamos mal al personal de servicio, cualquiera que este sea, desde un mesero, un chofer, un barrendero, una secretaria, un servidor público, no podemos esperar que nuestro hij@ trate de modo diferente a sus compañeros.

Asimismo, se debe poner atención en no crearles y darles modelos en lo que se motiva y halaga al "más fuerte", considerando como el más poderoso al que más golpea, agrede y se "defiende" mejor, o haciéndoles creer que el más "hombrecito" es quien más grita y lastima; con todo esto no nos estamos dando cuenta que estamos perpetuando una conducta de violencia que si bien no beneficia a la víctima mucho menos favorece al que la ejerce. Al estimular dichas conductas estamos modelando actitudes y acciones agresivas, carentes de respeto hacia los demás seres humanos y creando así sociedades en las que impera la violencia y el miedo.

• **Falta de límites y estructura.** Cuando en un hogar no existe una estructura clara de la conducta a seguir en todos los ámbitos, ya sea en cuanto a los hábitos de orden y limpieza, en cuanto al aprovechamiento escolar y especialmente en relación con la conducta de respeto hacia todos los integrantes de la familia, los niños y jóvenes no aprenden a respetar a ninguna persona, no desarrollan habilidades de orden, de limpieza, de trabajo y, lo más grave, no se crea un ambiente de seguridad y confianza.

Como ya se mencionó, muchos padres no proporcionan una estructura adecuada porque temen que sus hijos se "traumen" y/o dejen de amarlos. No obstante, cuando los chicos y jóvenes perciben una estructura clara y firme desarrollan un sentido de confianza y seguridad en sí mismos y en su familia, se estimula el respeto a los padres y por tanto el amor a ellos. Con la estructura[1] se evitan situaciones de

---

[1] Cuando hablamos de estructura familiar nos referimos a una forma de vivir en la cual los valores de alimentación, sueño, orden, limpieza, trabajo y convivencia familiar y social

ansiedad en las que un niñ@ no sabe qué se espera de él o ella, por lo que sienten que deben probar constantemente hasta dónde pueden llegar y lo que es y no es correcto.

• Carencia de un ambiente de cariño, seguridad y confianza desde una edad temprana. Un medio en el que se respira tranquilidad y seguridad, donde los hijos saben lo que se espera de ellos y existe una estructura clara y firme es un medio que naturalmente transmite seguridad y confianza a chicos y jóvenes y que facilita el vínculo afectivo y familiar desde una tierna edad. Cuando un niño crece y se desarrolla en un ambiente así, difícilmente buscará agredir con el fin de llamar la atención o sentirse más fuerte y tampoco permitirá agresiones pues posee una noción clara de quién es y cómo darse a respetar.

Como lo diría Dan Olweus en *Bullying at Scholl*, la fórmula para generar y perpetuar el bullying es: "Poco cariño, mucha libertad" .

• Castigos por medio de violencia física y/o emocional. Cuando las consecuencias van acom-

---

se encuentran establecidos en una forma clara y congruente, se respetan regularmente y de no cumplirse, se conocen con anterioridad las consecuencias que se obtendrán de no atenerse a dicha estructura.

pañadas de violencia física y/o emocional estamos transmitiendo a nuestros hijos el mensaje de que si se equivocan merecen ser agredidos, fomentando por medio de esta conducta la agresión, la intolerancia, la poca paciencia y la cero empatía hacia los demás y el que ellos repitan esas conductas en otras, desquitando sus emociones de enojo.

• Abuso, humillación y/o devaluación física y/o emocional. Al igual que en el punto anterior, son conductas que los chicos repiten con otros más débiles y los débiles "aprenden" que someterse a ellas es la única salida que tienen a este tipo de acciones.

• Hermanos pequeños, víctimas de acoso de los hermanos mayores. Cuando un niño es víctima de acoso por sus hermanos es muy común que repita esta conducta con compañeros más débiles si los padres permiten que esto continúe.

• Altas expectativas sociales de los padres a los hijos (no realistas). Cuando los padres poseen expectativas irreales sobre los alcances y los logros que pueden obtener sus hijos, no sólo los frustran, sino que estimulan en ellos una baja autoestima la cual busca ya sea cubrirse por medio de conductas agresivas o "ser castigada" por "merecerla" por medio de permitir la agresión y violencia de otros.

• **Falta de aprendizaje hacia la diversidad y la tolerancia.** Cuando en un ambiente familiar no existe tolerancia ni respeto hacia quien es diferente –en cualquier aspecto: físico, religión, idioma o estado socio-económico etc.– los hijos aprenden que es justificable tratar de forma devaluatoria, hiriente y excluyente al individuo que no es "como nosotros", favoreciendo con esto que se genere el acoso escolar.

• **Refuerzo de modelos inadecuados. Es común que** dentro del seno de una familia se refuercen modelos de violencia y agresividad, so pretexto de ser "muy fuertes, muy machos, muy capaces y/o muy abusados". En estos casos se están reforzando conductas violentas que desembocan en relaciones interpersonales no sanas, favoreciendo por completo la aparición del bullying.

Generación en cuanto a las características del alumno

El alumno posee:

• Un manejo emocional inadecuado, especialmente el enojo. Suele reprimir sus emociones.

• Una baja autoestima. Tanto quien ejerce la agresión como quien la permite poseen autoestima baja..

• Un escaso desarrollo del autocontrol y autorregulación de sus emociones y su conducta.

• Falta de tolerancia a la frustración.

• Un patrón de conducta en el cual el poder sobre los otros produce placer.

• La necesidad de control, de poder y dominio sobre los otros o dominarlos.

• Un bajo desarrollo de la empatía.

• Falta de recursos o habilidades sociales para comunicarse y relacionarse adecuadamente con los demás.

• Falta de habilidades adecuadas para el manejo de la asertividad, como una forma de relación interpersonal adecuada y de defensión.

• La necesidad de aprobación social o pertenencia a un grupo, lo cual lo lleva a actuar más por inercia y presión que por iniciativa personal.

• Una falta de manejo de la presión social y de habilidades para el diálogo con los demás y de negociación para llegar a acuerdos.

Diversas razones del bullying en cuanto al centro escolar

• **Falta de límites claros y consecuencias** en cuanto a las conductas de interacción social entre los alumnos y los alumnos y maestros.

• **Pérdida de autoridad en el papel del maestr@.** Este punto es especialmente importante, ya que cuando se devalúa el rol del maestro, minimizando o ridiculizando su labor, éste pierde autoridad y por tanto control y manejo del grupo. Es en este momento cuando el control del grupo pasa literalmente al alumno acosador, que no teme a la autoridad del profesor y al no existir reglas claras actúa como mejor le conviene, confiando en que sus acciones no generan consecuencias.

En este escenario la vícitima queda vulnerable y absolutamente desprotegida y los observadores que aparentemente no tienen nada que ver con el conflicto, obtienen un aprendizaje acerca de la violencia como el único recurso para salir adelante, es decir, la ley "de la selva", la ley "del más fuerte" serán las que imperen en el salón de clases y/o centro escolar, y aprenden a no relacionarse con el dolor de otro, a no ser empáticos, ni solidarios pues esto podría ser peligroso, ya que atentaría contra el control del *bully*. En un ambiente así, todos sufren mucho.

• **Frecuentemente el maestr@ cree que la víctima se lo merece.** De esta forma el profesor se alía con el acosador, le da "permiso" de actuar en dicha forma, justificando sus actos y convirtiéndose en un observador del bullying.

• **En ocasiones el o la maestr@ no sabe qué hacer frente al problema.** Cuando el maestr@ no sabe cómo actuar en relación con este conflicto o no puede actuar de otra forma porque no posee el apoyo de la dirección es muy fácil que este proceso se desarrolle y nadie asuma la responsabilidad sobre él.

• **Algunas veces el maestro decide ignorar la conducta** por diversas razones como:
  ♦ Pensar "No es mi problema".
  ♦ Pensar que no se le apoyará en dirección y que su trabajo se encuentra en riesgo.
  ♦ Temer que los padres o alumnos le reclamen y no haya nadie que le apoye.
  ♦ Temer que se le humille.

De esta forma se favorece una comunidad de observadores y la víctima queda desprotegida; los observadores aprenden que la violencia es una conducta deseable y el bully logra tener el poder de agredir sin que nadie actúe.

¿Por qué se perpetúa el acoso?

● **Se le considera un problema "normal" que siempre ha existido,** de esta forma se minimiza, quitándole importancia y permitiéndole que crezca.

● **Es una situación que difícilmente se denuncia.** Generalmente los bullys actúan fuera del alcance de los adultos y, por otro lado, los observadores temen denunciar con tal de no ser ellos las próximas víctimas. Por su parte las víctimas, además de que sienten vergüenza, temen ser agredidas de peor modo si los adultos se enteran.

● **La ignorancia y falta de atención de los adultos potencia el problema.**

● **Falta de programas para prevención e intervención.**

● **Mamás.** Cuando las madres señalan y etiquetan a alguno de los niños del salón y generan rumores entre ellas. (Este punto se verá con mayor profundidad en el siguiente capítulo).

CAPÍTULO VI

¿Somos las madres generadoras de bullying?

Es importante que al educar el cerebro de nuestros hijos eduquemos también el corazón.

—Dalai Lama

Para responder de una forma clara y concreta: frecuentemente sí, en muchas de las ocasiones somos las madres generadoras del bullying.

Como padres sabemos lo que sufre y experimenta un niñ@ víctima de bullying, y como tales podríamos pensar que cualquier padre o madre con sentido común nunca haría nada para generar un tipo de circunstancia en el que su hij@ o cualquier otro niño o niña saliera lastimad@; la cruda realidad es que no es así.

Muchas veces la ignorancia, el desconocer cómo situaciones relacionadas con las dinámicas de los niños y/o jóvenes, la falta de conciencia sobre las repercusiones que nuestros actos y palabras pueden tener sobre los demás, así como la falta de empatía y como se mencionó en el capítulo anterior, el reforzar falsos valores, elogiando conductas agresivas, discriminatorias y faltas de respeto, es lo que eventualmente provoca que los mismos padres sean generadores de situaciones de bullying en los que uno o más niños pueden verse involucrados.

Situaciones como las siguientes ejemplifican lo descrito anteriormente:

• Madres que no dejan que su hijo o hija sea amigo de otro u otra, porque no es de su mismo nivel socioeconómico, por tener características físicas distintas o creencias religiosas diferentes, provoca que los niños comiencen a hacer diferencias entre sus compañeros y a darse el "permiso" de tratarlos en forma ofensiva y devaluatoria.

• Madres que se dedican a hablar mal de algún niño del salón de sus hijos y/o de los padres del chico, marcando una fuerte etiqueta en el niño en cuestión, que la mayoría de las veces no es cierta y que deja una huella a veces imposible de borrar en la vida de los niños lastimados.

Tristemente hoy en día este tipo de conversaciones se dan por medios electrónicos como los son los teléfonos celulares o las redes sociales, dejando con esto una fuerte impresión negativa en los demás acerca de las personas de las que se habla y llegando este mensaje a muchas personas, convirtiéndose en una información masiva que nunca se borra.

• Madres que organizan fiestas o reuniones en las que deliberadamente excluyen a uno o dos compañeros del salón de su hij@, marcándolos en forma negativa y provocando con esto que los demás chicos "se den el permiso" de hacer lo mismo, dañando fuertemente la autoestima del niño o niños que quedaron excluidos y fueron rechazados.

En estos ejemplos, que por supuesto no son los únicos, los niños se sienten con la autoridad de llevar a cabo cualquier tipo de conducta agresiva, que excluya o rechace a otros por cualquier razón que a su parecer sea justificable, ya que si sus padres les enseñan esto y les dan este tipo de ejemplo, los niños no se detienen a cuestionarlo y únicamente repiten la conducta en el salón de clases.

Una vez que esto sucede, el niño o la niña con este ejemplo por parte de su padre, madre o ambos, va desarrollando un perfil agresivo (verbal, gestual, físico, psicológico etc.) y detona un comportamiento que irrumpe en la dinámica del salón de clases, provocando temor en algunos casos y en otros un tipo de conducta rebelde, subversiva y/o bravucona que varios niños ejercen sobre los más débiles, generando un ambiente de inseguridad donde impera la ley del "más fuerte" y dentro del cual es más efectivo agredir que ser agredido.

Si la escuela no llega a resolver el conflicto en forma oportuna, éste puede crecer de forma desproporcional, causando daños irreversibles en todos los integrantes del salón; no importa si se tiene el rol de bully, víctima u observador, todos salen lastimados.

Por ello es imprescindible que los padres de familia estén conscientes de qué forma sus acciones pueden perjudicar a sus hijos y a otros niños, y por tanto debe abstenerse de realizar comentarios y/o acciones que puedan llevar a un triste desenlace.

Siempre será preferible que los padres de familia eviten caer en chismes y rumores, que se abstengan sobre todo de juzgar sin saber, ya que estas situaciones se prestan a muchas distorsiones y difamaciones y sobre todo es básico, en la medida de lo posible, evitar "arreglar" el conflicto entre ellos, ya que esta situación fácilmente puede desembocar en un conflicto mayor.

Siempre será preferible, antes que nada, actuar con la suficiente cordura y juicio para saber qué es lo que se les está transmitiendo a nuestros hijos con nuestras palabras y acciones y posteriormente ante cualquier duda o incidente acudir a la dirección del colegio y dejar el conflicto en manos experimentadas y que trabajarán desde un punto de vista más objetivo por el bienestar de todos los involucrados.

CAPÍTULO VII

Perfil del agresor y de la víctima

Aunque no es posible afirmar que existan rasgos exactos que definan a un niño o niña como víctima o agresor dentro de la dinámica del grupo, la existencia de ciertas características nos señalan un riesgo o posibilidad de que en algún momento algunos chic@s se encuentren involucrados en una situación de bullying.

Perfil del bully

La mayor parte de las veces el chic@ que manifiesta una conducta de bully o agresor presenta un auto concepto pobre y una baja autoestima. Este niñ@ busca elevar su autoconcepto y autoestima llamando la atención de los demás y ejerciendo poder sobre ellos; posee y manifiesta una actitud agresiva, desafiante y retadora, relacionándose con sus compañeros de la misma forma. Con frecuencia presenta la misma actitud con los adultos, ya sean maestros o padres, aunque en ocasiones puede ser "encantador" con ellos y mostrar su parte más agresiva únicamente con sus compañeros.

Es un niñ@ o joven que ha desarrollado pobremente una autorregulación de sus emociones y por tanto un bajo o nulo autocontrol de su comportamiento, como resultado de esto, no anticipa ni prevé consecuencias.

El agresor posee necesidad de controlar y dominar a los demás, y disfruta de esta acción, la cual le proporciona una falsa seguridad personal.

Es frecuente encontrar en estos chicos un pobre desarrollo de la empatía y de la sensibilidad hacia el dolor ajeno, por esta razón les es fácil provocar sufrimiento en los demás sin que ello les deje rastro de culpa o arrepentimiento.

Algunos acosadores presentan rasgos de inseguridad y ansiedad producto de su forma de actuar y relacionarse, pero también debido a dicha ansiedad e inseguridad es que actúan de tal forma.

El bully frecuentemente se encuentra rodeado por chic@s que le siguen e imitan o gustan de presenciar sus acciones. Como se mencionó en capítulos anteriores, otros niñ@s comúnmente los imitan por miedo a ser ell@s las siguientes víctimas. Es por esto el acosador puede ser poco o muy popular, aunque difícilmente poseerá un nivel de popularidad tan bajo como el de la víctima.

En el caso de los varones, su agresividad puede estar acompañada de fuerza física y una mayor altura y desarrollo muscular que el resto de los niños.

Frecuentemente encontramos que los bullys son hostiles con las personas que los rodean y con quienes se relacionan.

Los niñ@s que acosan coaccionan a sus víctimas para obtener de ellas acciones u objetos que consideran de valor con base en amenazas, por ejemplo, cigarros, bebidas alcohólicas, etc. en el caso de los jóvenes, etc., o todo tipo de hurtos o robos que condicionan a un peor trato a las víctimas si éstas no los realizan. En el caso de los niños pueden amenazar a sus víctimas con infligirles un daño mayor si ellos no les proporcionan ciertos "regalos u obsequios" como pueden ser golosinas, almuerzo o si no obtienen de ellos ciertos "trabajos o labores especiales" como realizar tareas o hurtos para el beneficio de los acosadores.

En ocasiones el comportamiento del agresor se ve reforzado socialmente, lo cual dificulta más que dicha conducta se extinga; además al no tomarse las medidas para intervenir se deja de lado el hecho de que el agresor tiene grandes probabilidades de ingresar en un futuro próximo en comportamientos adictivos y criminalísticos, proyectándose hacia escenarios tristes y conflictivos para su porvenir en los que difícilmente desarrollará relaciones sanas y estables.

Perfil de la víctima

La víctima es alguien que posee un bajo autoconcepto y por tanto una baja autoestima, razón por la cual no se defiende y permite que los demás violenten sus derechos. Son niños y jóvenes más inseguros y ansiosos que los demás. Frecuentemente posee una personalidad introvertida y presenta una conducta precavida, cuidadosa, sensible y callada.

Cuando la víctima es atacada, casi siempre reacciona llorando (sobre todo en grados más bajos) y no posee recursos para saber cómo defenderse de dichos ataques y agresiones.

Es muy común encontrar en la víctima fobia hacia la escuela y llegar al domingo con síntomas psicosomáticos para evitar asistir al colegio al día siguiente; estos síntomas son muy comunes a lo largo de su vida escolar. Encontramos que estos chic@s acuden repetidas veces a la enfermería de la escuela debido a dolores de cabeza, dolores de estómago u otro tipo de manifestaciones físicas.

También es común encontrarlos golpeados, con rasguños o con moretones, ya sea por el maltrato de otros chic@s, o porque su falta de atención y ansiedad los lleva a chocar, tropezar y a tener constantes accidentes.

La víctima se siente como alguien "tonto, fracasado o feo", por citar algunos adjetivos con los que se autocalifican; se sienten indefensos y avergonzados de sí mismos, lo que frecuentemente los lleva a pensar que son culpables del acoso y que "se lo merecen". Esta situación de culpa y de vergüenza los lleva a no denunciar la conducta y a perpetuar el acoso. Otro factor que tampoco los conduce a denunciar es el miedo de que la situación empeore aún más.

Es común encontrar a la víctima sola y abandonada en la escuela, sin poseer un solo amigo.

Las víctimas no son niños agresivos, por lo que ellos mismos no pueden explicar la intimidación y el acoso hacia su persona. Poseen una actitud pasiva y sumisa, lo que genera que sean mayormente atacados.

Si son varones, es usual que sean físicamente más débiles que sus compañeros. En ocasiones pueden poseer una característica física diferente: usar lentes, ser más bajos o altos, presentar una malformación física visible o, por el contrario, tener alguna característica que suscite envidia en el agresor y que debido a ésta los agreda.

Es frecuente que la víctima manifieste una diferencia social con el resto: características físicas diferentes, religión, hablar otro idioma, vestir de diferente forma. Esta situación se da sobre todo cuando

no existe una educación basada en el respeto y la
tolerancia a la diferencia.

CAPÍTULO VIII

Consecuencias del bullying

El bullying es una circunstancia complicada de atender y, en no pocas ocasiones, es un problema difícil de precisar y/o diagnosticar, ya que es una situación que puede ser fácilmente encubierta o manejada como "problemas de niños" y no dársele la atención que merece.

Este conflicto trae consecuencias indeseables en el desarrollo integral de todos los implicados y no únicamente en los agresores o en las víctimas; a continuación revisaremos algunas de las consecuencias de este fenómeno.

En el agresor

El chico o joven que acosa aprende equivocadamente que la violencia es una herramienta útil para conseguir todo aquello que desea y para lograr sus objetivos, adquiriendo así la falsa creencia de que la violencia es inevitable y lo resuelve todo; esta cuestión implica, por supuesto, ubicarse en la antesala de una conducta delictiva.

Pero su conducta es agresiva y violenta y, no pocas veces, es reforzada socialmente, incluso por sus propios padres, quienes le transmiten una aprobación de sus actos, como algo deseable y que le proporciona estatus y reconocimiento social.

Es común escuchar de los padres del acosador o bully frases como la siguiente: "Mi hij@ es fuerte, valiente, es de los que pega, él/ella no se deja de nadie", lo cual, como se mencionó, refuerza una conducta que se basa en la agresión y en la falta de respeto hacia los demás.

El niño que acosa generaliza el patrón de conducta agresivo a otras relaciones, como a sus amistades, padres, maestros y/o adultos que representan la autoridad, incluso extiende después este comportamiento hacia su pareja con las implicaciones que esto conlleva. Independientemente de esto el bully se crea una imagen de sí mismo como un ser impune, amoral y prepotente, sin que esto le avergüence, al contrario, esa autoimagen le enorgullece.

Debido a esta actitud es prácticamente imposible que este niñ@ desarrolle habilidades de autocontrol, autorregulación de sus emociones y de responsabilidad hacia sí mismo y los demás.

El bully justifica la agresividad y la violencia, la cual actúa abierta o clandestinamente, saltándose normas sociales y afectando gravemente su propio desarrollo moral, social y emocional, asimismo despliega un comportamiento antisocial que tarde o temprano le llevará a quedarse solo, sin amigos y sin seguidores y con graves consecuencias a lo largo de su vida.

En la víctima

Adicionalmente al sufrimiento emocional que padece, la víctima sufre también de dificultades y fracasos escolares, ya que su atención se encuentra muy dispersa. Este chic@ se encuentra concentrado en "sobrevivir" y encontrar la manera de salir a flote de las agresiones que recibe, lo que le impide concentrarse en sus estudios, además de que su baja autoestima le impide también avanzar en lo académico.

El chic@ que experimenta acoso escolar sufre constantemente de una ansiedad anticipatoria, alta y continua; todo el tiempo está, literalmente, esperando a que suceda la agresión; en ocasiones, una vez que ésta sucede, se "relaja" pues considera que, al menos por ese día, eso ya no se repetirá.

Como ya se comentó anteriormente, es muy común que la víctima presente fobia a la escuela. La escuela es asociada como fuente de agresión y sufrimiento, lo que implica que tema asistir al colegio y enfrentarse con situaciones riesgosas y dolorosas que de antemano sabe que no tendrá las habilidades necesarias para manejar y hacer frente. Como ya se dijo, es común que terminando el fin de semana, este niñ@ no quiera asistir a la escuela y presente enfermedades y /o dolores psicosomáticos con el fin de evitar encontrarse con sus acosadores.

Debido a su falta de atención, la víctima tiene mayor probabilidad de tener riesgos o acidentes físicos como chocar con las paredes, tropezarse, caerse etc.

Es así como se va conformando en la víctima una personalidad insegura e insana la cual impide el desarrollo correcto e integral de su persona.

Es importante insistir en que la autoestima de la víctima desciende considerablemente a raíz del acoso que padece, ya que desarrolla una autoimagen negativa en todos los sentidos: en cuanto a su apariencia, se siente "fe@" o inadecuad@, en cuanto a su desarrollo académico, se percibe como incompetente, y en cuanto a su conducta, se ve a sí mism@ como débil e incapaz, ya que no se ve a sí mismo como capaz de defenderse y tener amigos; constantemente experimenta miedo al ridículo. Todo este cuadro por supuesto influye en forma dañina y perjudicial en su autoestima y en su desarrollo social.

Debido a la situación que experimenta, frecuentemente la víctima se vive en estados de ansiedad y depresión constantes con la consiguiente imposibilidad de integración escolar y académica; en casos prolongados, puede llegar a presentar cuadros de neurosis, histeria y depresión.

Tristemente, es probable que a raíz de todas las viviencias anteriormente descritas se desencadenen en la víctima reacciones agresivas y/o intentos de suicidio.

En los observadores

Es común pensar que los observadores no forman parte del bullying y que ellos no adquieren ninguna consecuencia mientras no intervengan en el problema. Como se explicó en capítulos anteriores, los observadores son parte determinante en que se lleve a cabo el bullying o no y de la misma forma obtienen consecuencias de éste, veamos algunas de ellas.

Los observadores adquieren el aprendizaje de un comportamiento individualista y egoísta frente a situaciones injustas, ya que frecuentemente "prefieren no meterse y/o no involucrarse" en el conflicto, como una forma de protección. Es así como de esta forma comienzan a valorar la conducta no sólo individualista y egoísta como se mencionó, si no que a su vez, dan un gran valor a la conducta agresiva y violenta, identificándola como respetable y deseable, ya que ésta los mantiene "a salvo".

Rápidamente aprenden a desensibilizarse frente al sufrimiento de otros en vez de desarrollar la habilidad de la empatía, la cual les posibilita una mejor socialización. En los observadores se deshinibe la barrera para actuar de forma agresiva y es más fácil actuar así que de un modo solidario y proactivo.

Constantemente experimentan una sensación de indefensión y ansiedad por el ambiente belicoso y agresivo en el que viven su vida escolar, percibiendo una falta de apoyo, protección y seguridad por parte de los adultos que no están presentes para proporcionar una estructura de límites firmes, claros y concretos que les permitan desarrollarse en un ambiente de seguridad y confianza.

Muchos testigos u observadores, los más sensibles y empáticos, experimentan sentimientos de culpa por sentir que no pueden hacer nada por la víctima, así como sentimientos de temor a convertirse en la próxima víctima.

Es así como los acosadores, las víctimas y los observadores "socializan" en un clima de temor e injusticia donde impera la "ley del más fuerte", impidiéndose con esta situación el adecuado desarrollo de la autoestima, el manejo de las emociones, las habilidades de interacción social en todos y cada uno de los integrantes del grupo y la formación de una integración grupal adecuada que contribuya a un ambiente de seguridad y confianza.

CAPÍTULO IX

El manejo adecuado del bullying

El mejor medio para hacer a los niños buenos,
es hacerlos felices.

—OSCAR WILDE

Una vez identificada una situación de bullying es indispensable dar un manejo adecuado a esta problemática, con el fin de que todos los afectados salgan ilesos en la medida de lo posible, tomando en cuenta el daño que este doloroso fenómeno provoca a todos los implicados.

A continuación pasaremos a considerar cuál es la mejor manera de prevenir e intervenir en el bullying, primero como padres, ya sea del acosador, de la víctima o de los observadores.

Posteriormente revisaremos cuál es la manera idónea en que un centro escolar debe prevenir e intervenir en una situación de acoso escolar.

Siempre es mejor anticipar que enfrentar, prevenir que intervenir. Desafortunadamente, vivimos en una cultura en que la previsión no es parte de nuestra forma de vida y frecuentemente resolvemos los problemas una vez que estos se dan y no siempre los evitamos con base en ciertas conductas para que éstos no sucedan.

Existen múltiples actitudes, ejemplos y aprendizajes que podemos transmitir a nuestros hijos para que una situación como el bullying no se genere y en caso de que esto suceda, poder lograr una intervención rápida y sencilla que deje las menos secuelas posibles.

Como padres debemos:

• **Brindar estructura.** Es fundamental establecer una estructura firme, clara y concreta de límites de conducta y especialmente de actitudes de respeto hacia nosotros como padres, hacia ellos mismos y hacia todo ser humano, sin importar sus diferencias, ya sean físicas, de género, de edad, de religión, de idioma, de raza, de lugar de origen, de nivel socioeconómico etc. Dicha estructura implica educar sobre una base de tolerancia a la diferencia, modelando con el ejemplo. El mayor beneficio que podemos brindarle a nuestros hijos para evitar que se vean involucrados en una situación de bullying es el ejemplo.

• **Ser congruentes.** Debemos ser congruentes con lo que decimos y exigimos y con nuestras palabras, acciones y valores.

• **Generar un vínculo afectivo.** El vínculo con los hijos genera una alta autoestima, un valor de sí mismos que impide que busquen su valor en otro tipo de conductas y/o personas. El vínculo afectivo posibilita que nuestros hijos se perciban protegidos por nosotros como padres.

• **Promover un ambiente de seguridad y confianza.** Promover un ambiente en el que el chic@ sabe exactamente que se espera de él o de ella (límites) y por otro lado posee un vínculo afectivo con sus padres, un ambiente así genera seguridad, confianza, tranquilidad, pertenencia, etc., que son factores que determinan una sana autoestima.

• **Creer en ellos, enfocarnos en sus aspectos positivos.** Creer en lo que nos dicen nuestros hijos, respetarlos, escucharlos y retroalimentar y reforzar sus aspectos positivos o cualidades, los convertirá en niños más seguros de sí mismos y dispuestos a solicitar ayudar si lo necesitan.

• **Establecer una adecuada comunicación.** Una sana comunicación, con base en una escucha real, permitirá que siempre sepamos lo que sucede con nuestros hijos y que éstos sientan la confianza de solicitar ayuda cuando lo necesiten. La comunicación a su vez posibilita una guía adecuada para nuestros hijos en momentos de conflicto.

• **Manejo adecuado de las emociones.** Ser un padre emocionalmente inteligente, desarrolla hijos emocionalmente inteligentes. Un niño o niña con una inteligencia emocional desarrollada es menos vulnerable a convertirse en un acosador o en una víctima, ya que es un chico que identifica fácilmente sus emociones, ya sean agradables o desagradables, es más asertivo y posee mayores habilidades para resolver sus conflictos y defenderse sin violencia. A su vez un niño emocionalmente inteligente posee mayor conciencia de los demás y una mayor capacidad de empatía, lo que le ayudará a no permitir el acoso tampoco en los demás.

Como padre o madre del acosador debemos...

• **Evitar justificar y sobreproteger.** Antes que nada, es indispensable no negarse a la realidad y mucho menos justificar las actitudes y acciones agresivas del niño ni sobreprotegerlo. Es importante detenernos a escuchar las "quejas" sobre la conducta de nuestro hijo, ya sea que nos hayamos enterado por medio de él o ella misma, de otro padre o madre o por medio de la escuela.

• Ser conscientes de las consecuencias de su conducta a corto y largo plazo. Como padres del acosador o bully es determinante estar conscientes acerca del hecho de que si nuestro hijo o hija actúa de tal forma, no es por maldad. Su conducta manifiesta que necesita ayuda urgente, que de no proporcionársela, podría llegar a desarrollar eventualmente conductas aún más violentas, que además de que le afectarán todas sus relaciones interpersonales, podrán llevarle a conflictos graves con cualquier tipo de autoridad.

• Reconectar el sistema afectivo. Un niñ@ o joven bully es alguien que ha bloqueado sus sentimientos y por tanto sus relaciones sociales. Lo ha hecho de esta forma ya que no sentir es más seguro para él o para ella (Ver capitulo 11 *"Cómo podemos relacionarnos con un bully y manejarlo adecuadamente"*) por lo tanto es de vital importancia reconectar el sistema afectivo del bully y esto sólo se logra por medio de la conexión sana y afectiva con todas las personas de su alrededor. (Ver capítulo 11.

¿Cómo podemos relacionarnos con un bully y manejarlo adecuadamente? Página 113).

Los sistemas de tolerancia cero y castigos no sirven, ya que re-victimizan al bully una vez más, repitiéndose las mismas conductas que lo llevaron a convertirse en un bully, excluirlo y/o rechazarlo. No podemos esperar que al hacer esto se resuelva el problema que provocó que se creara. Es imprescindible desarrollar paulatinamente la empatía y sus habilidades sociales, esto se irá realizando por medio de la ayuda terapéutica.

• **Buscar ayuda terapéutica.** Es imprescindible hablar con él/ella sobre la importancia del respeto hacia sí mismo y los demás seres humanos y buscar ayuda tanto para el menor como para los padres, con el fin de determinar lo que ha llevado al niñ@ o joven a actuar de tal forma y realizar en trabajo conjunto en el que se identifiquen patrones de conducta disfuncionales tanto en la familia, como en lo individual, que estén generando dicho resultado y a su vez puedan también identificarse las causas del comportamiento del menor y ayudarlo a cobrar conciencia y realizar un cambio de conducta que le auxilie a recuperar una sana autoestima y un modo adecuado de interrelacionarse con los demás sobre una base de respeto mutuo. La ayuda terapéutica eventualmente le ayudará a adquirir y desarrollar habilidades de autorregulación emocional y habilidades sociales.

• **Mantener comunicación con el centro escolar y trabajar en conjunto.** Realizar un trabajo conjunto con los directivos y maestros en la escuela es lo que finalmente permitirá que este conflicto llegue a un desenlace de la mejor manera posible. La escuela definirá una serie de limites conductuales para el acosador, mismos que deben ser cumplidos por el niñ@ y apoyados por el padre o la madres del bully, con el fin de darles validez y que la conducta de acoso se detenga inmediatamente. A su vez, se tratará en la escuela con el menor el aspecto emocional que lo llevó a actuar de tal modo, y con el grupo la dinámica que posibilitó esta situación. Es indispensable que los padres apoyen estas estrategias para obtener un mejor resultado.

• **Evitar a toda costa hablar con los padres de la víctima.** Hablar con los padres de la víctima, ya sea para justificar la conducta o para ofrecer una disculpa, puede empeorar la situación. Es importante tomar en cuenta que los padres de la víctima se encuentran sumamente sensibles por el acontecimiento, por lo que hablar con ellos sin la intervención de la escuela puede llevar a que el conflicto se haga aún mayor. Lo más inteligente en estas situaciones es permitir que el centro escolar tome las riendas de la situación y logren mediar el conflicto.

• **Evitar propagar rumores.** Los rumores y los chismes acerca de quién tuvo la razón o no, ya sea que se trate de justificar o contar lo sucedido, solamente abren más las heridas de todos los implicados, evitando dar fin a todo el conflicto Es importante evitar hablar del conflicto con gente no involucrada y fuera del foro adecuado.

Como padre o madre de la víctima debemos...

• **Escuchar con atención, creer y contener.** Muchos chic@s que son víctimas de bullying, no hablan de su experiencia porque consideran que no les creerán, que lo merecen, que son los culpables del acoso y/o tienen miedo de que suceda con más frecuencia e intensidad. Es determinante escuchar a nuestros hijos con atención, hacerles saber que estamos ahí para protegerlos, que no les pasará nada, que ellos no son los culpables, que no lo merecen y que se realizarán todos los esfuerzos por parte de ellos y de la escuela para que esto se detenga inmediatamente. Ofrecerles la contención para sentirse contenidos y protegidos y hacerles saber que no se tendrán que enfrentar al acosador.

• **Reconectar el sistema afectivo.** Frecuentemente, al igual que el bully, la víctima es un menor que ha bloqueado sus emociones, sentimientos y, por tanto, sus relaciones sociales. La víctima ha bloqueado sus emociones como una forma de protección, para evitar sentir, ya que no sentir la hace menos vulnerable. Ayudar a la víctima a reconectar sus emociones y por tanto sus relaciones afectivas y sociales es uno de los pasos más importantes en su recuperación. Esto se logrará por medio de las actitudes de cuidado, afecto y empatía que forman un vínculo seguro y afectivo, y a través de la ayuda terapéutica. Así mismo es básico que la víctima desarrolle paulatinamente la autorregulación de sus emociones y sus habilidades sociales, lo que irá logrando con el tiempo, los cuidados de todas las personas de su alrededor y por medio de la ayuda terapéutica.

• **Buscar ayuda terapéutica.** También con la víctima es imprescindible hablar con él o con ella sobre la importancia del respeto hacia sí mismo y los demás seres humanos y no permitir jamás que se nos falte al respeto ni hacerlo con otros seres humanos. Será de gran importancia buscar ayuda terapéutica con el fin de que la víctima logre recuperar su autoestima y seguridad y de ayudarle a desarrollar habilidades y estrategias que le posibiliten defenderse ante este tipo de eventos.

• **Mantener comunicación con el centro escolar y trabajar en conjunto.** También en relación con la víctima es determinante realizar un trabajo conjunto con los directivos y maestros en la escuela, esta labor es lo que finalmente permitirá que este conflicto llegue a un fin de la mejor manera posible. En la escuela se limitará el contacto del bully con la víctima, lo cual le dará mayor seguridad y protección al acosad@ y se conversará con él o con ella para ofrecerle apoyo y un espacio seguro al cual acudir en caso de que suceda algún incidente ya sea con el bully, o con algún testigo o maestro.

• **Evitar a toda costa hablar con los padres del bully o acosador.** Dirigirse con los padres del bully ya sea para acusar o para reprochar la conducta de su hij@ puede empeorar la situación. Es importante tomar en cuenta que los padres del acosador probablemente buscarán defenderse y/o justificar a su hij@ a toda costa, lo cual puede enardecer a los heridos padres de la víctima, en estos casos, como se mencionó anteriormente, lo más inteligente en estas situaciones es permitir que el centro escolar tome las riendas de la situación y ellos logren mediar el conflicto.

• **Evitar propagar rumores.** Repetimos lo anteriormente descrito, los rumores y los chismes acerca de quién tuvo la razón o no, ya sea que se trate de justificar o contar lo sucedido, solamente abre más las heridas de todos los implicados, evitando dar fin a todo el conflicto; es importante evitar hablar del conflicto con personas no involucradas y fuera del foro adecuado en la medida de lo posible.

Como padre o madre del testigo u observador debemos...

• **Educar sobre el valor del respeto.** Si como padres nos enteramos sobre una situación de bullying, ya sea en el salón de nuestro hij@, en la generación o en la escuela, debemos tomarlo como una excelente oportunidad para conversar con ellos acerca de la importancia del respeto entre todos los seres humanos. Es imprescindible explicar que si bien "no tenemos que ser amigos de todos y no todos nos caerán bien", todas las personas merecen respeto y empezamos dándolo, respetándonos a nosotros mismos.

Como padres, debemos explicar que cuando callamos acerca de una conducta en la cual otro ser humano sufre, nos estamos convirtiendo en cómplices del que inflige la violencia, por lo que es importante buscar algún modo en el que no nos pongamos en riesgo, pero tampoco permitamos que esta conducta continúe, a esta acción le llamamos solidaridad y se basa en la empatía, la capacidad de sentir, de percibir lo que el otr@ está sintiendo en una situación dada y por tanto, proceder a auxiliarlo, cuestión que nos convierte en más humanos. Por otro lado, hacer esto también evita en que eventualmente nos convirtamos en las próximas víctimas y posibilita que los implicados reciban la ayuda que requieren.

• **Contener, proteger.** Es determinante que ofrezcamos a nuestros hijos la protección que requieren en una situación como ésta; hacerles saber que cuentan con nosotros, que en caso de que ellos sean acosados nosotros estaremos ahí para protegerlos y apoyarlos. Hacerles saber que si nos están transmitiendo la información de que algo sucede en la escuela, la transmitiremos a la autoridad de la escuela sin implicarlos a ellos y a su vez brindarles las habilidades y herramientas para lograrse defender en una forma no violenta y ser asertivos con el fin de evitar a toda costa convertirse en el blanco de un bully.

• Evitar tomar lados, juzgar y/o culpar. Si como padres nos hemos enterado de una situación de bullying en la clase de nuestro hij@ o en la escuela, evitar a toda costa ponerse "del lado" de alguna de las partes, juzgar y/o culpar. Nosotros no somos la parte activa de la situación y realizar estas conductas lejos de ayudar empeoran la situación de los implicados y de nuestros propios hijos. Ante críticas y chismes lo más inteligente es declarar: "no me consta nada, es mejor no opinar y permitir que la escuela, que es el foro adecuado, resuelva esta dolorosa situación por el bien de nuestros hijos y de todos los implicados".

• Evitar propagar chismes. Comentar y juzgar sobre una situación de acoso, lo único que puede lograr es aumentar el problema y evitar que éste se resuelva adecuadamente. Como se mencionó, lo mejor que podemos hacer es no opinar sobre el chisme o el suceso que no nos consta. Si nuestro hij@ nos ha platicado algún detalle que consideramos sea de relevancia, lo más apropiado será dirigirse a la dirección de la escuela y comentar lo que sabemos con el fin de que esa información sea útil en la resolución del conflicto, y no como se comentó con anterioridad para crear rumores. Es básico cuidar la integridad de nuestro hij@ en el colegio; hay que cuidar y que no sean implicado en el conflicto.

• Invitar a nuestros hijos a evitar juzgar y crear redes de apoyo tanto con las víctimas como con los bullys. Invitar a nuestros hijos a crear relaciones sanas y asertivas tanto con el bully como con la víctima, al principio por separado, ayudará a que la dinámica grupal y escolar mejore y que las relaciones sociales de todos los involucrados se desarrolle sobre una base de respeto, seguridad y confianza que ayude a superar el conflicto rápidamente para todos los involucrados.

Prevención e intervención del bullying en el centro escolar

Antes que nada, para lograr una prevención exitosa es importante tomar en cuenta que poco se podrá hacer si se toman en cuenta comentarios como:

- "No hay nada de anormal en esos juegos de niños, son niños".

- "Estamos exagerando" y se desatiende la situación ya sea por medio de padres o maestros.

- "No es mi problema".

El bullying es una situación seria, real, dañina para todos los involucrados y muy dolorosa y se debe tomar como tal. Nuestra mejor esperanza para prevenir el dolor y el daño que provoca el bullying es estar al tanto de las señales que se manifiestan en su proceso y hacer algo para prevenirlo y/o detenerlo oportunamente. Con el fin de erradicar de raíz esta situación debemos:

• **Manejar una estructura de limites de conducta.** Todo centro escolar que maneja una estructura firme, clara y concreta en cuanto a los límites de conducta y a la forma en la que alumnos y maestros se deben relacionar partiendo de una base de respeto mutuo, cuenta con la parte más importante para lograr evitar un proceso de bullying.

Lograr definir con exactitud qué tipo de actitudes y conductas son permitidas y cuáles no lo son, lograr diferenciar entre conductas agresivas y asertivas, es lo que finalmente posibilita que todos los integrantes del centro escolar logren convivir sobre un fundamento de armonía y respeto.

Con base en estos valores es determinante que, a principio de cada ciclo escolar, se revise y prepare junto con los alumnos un reglamento en el que quede clara la conducta esperada en cuanto a las relaciones interpersonales, ya sea entre ellos y/o con sus maestros y cuáles serán las consecuencias que obtendrán de no atenerse a dichas pautas de comportamiento.

Una vez que las expectativas sobre el comportamiento de los alumnos y las consecuencias de su falta de cumplimento son aclaradas y repasadas es determinante que estas normas se cumplan en forma constante y consistente sobre todos los alumnos sin ningún tipo de diferenciación; el respeto mutuo debe formar parte de la vida escolar continuamente y no debe ser trasgredido por nada ni por nadie y mucho menos por ningún tipo de favoritismo, que lo único que lograría sería promover y favorecer la aparición de procesos de bullying.

En relación con este último punto es determinante que los padres también reciban a principio del curso escolar un documento que explique específicamente y con claridad estas normas escolares y que sea firmado de aceptación por ellos; el objetivo de este documento es que todos los padres se encuentren educando sobre la misma línea a sus hijos y que no exista un desacuerdo en cuanto a las conductas que son permitidas y las que no según el criterio de cada padre. El criterio de la conducta en la escuela, lo define el centro escolar y éste debe ser cumplido estrictamente por todos y cada uno de los alumnos sin distinción de ningún tipo, incluso fuera del plantel, ya que el comportamiento de los alumnos fuera del centro escolar representa a la escuela y debe ser respetado del mismo modo.

Manejar una estructura clara y consistente de conducta en que el maestro posee la sana autoridad y no los alumnos ni sus padres, posibilita también que el maestro no tema intervenir en algún problema de bullying por temor a que no se le vaya a apoyar y pueda perder su trabajo y por tanto pueda llegar a ignorar el problema de bullying y éste crezca y no se le dé la debida solución.

Con esta estructura:

♦ Se evita minimizar los conflictos y problemas.
♦ Se evita reforzar actitudes agresivas y violentas.
♦ Se evitan y previenen alianzas de maestros con alumnos líderes negativos y carismáticos que promueven ciertos tipos de actitudes agresivas y violentas.
♦ Se reafirma una postura firme de desaprobación ante conductas agresivas y violentas que lastiman y dañan a otros.
♦ Se promueve la denuncia de comportamientos y conductas que quedan fuera del alcance del maestro.
♦ Se establece un clima de seguridad y confianza en el centro escolar.

• **Ser congruentes.** La congruencia entre lo que se dice y lo que se hace es la clave para lograr educar con el ejemplo y modelar la conducta que esperamos de nuestros alumnos. Es imprescindible que si como maestros esperamos conductas respetuosas y asertivas por parte de nuestros niños y jóvenes, que directores y maestros seamos congruentes en nuestra forma de actuar, de hablar y de dirigirnos a nuestros alumnos con el fin de promover un modelo adecuado y con éste un ambiente de respeto y cuidado mutuo.

• **Promover un ambiente de seguridad y confianza.** Precisamente los dos puntos anteriores en conjunto son los que promoverán un ambiente de seguridad y confianza. Cuando un alumno se desarrolla en un ambiente seguro, esto quiere decir que sabe lo que se le permite en cuanto a su conducta y lo que no, así como cuáles serán las consecuencias de no llevarla a cabo, este chico se vive tranquilo, lejos de la ansiedad que le provoca sentirse a la defensiva de algún ataque, lo que le promueve por un lado un mejor desarrollo académico, pero especialmente sentirse seguro y confiado para poder desarrollarse e integrarse socialmente sin ningún tipo de miedo o amenaza y contando con un modelo adecuado de respeto y afecto por parte de sus maestros.

• **Enfocarnos en los aspectos positivos.** Es un hecho que manejar una estructura clara y firme en la cual las consecuencias de las acciones de los alumnos puedan ser anticipadas fomenta una auto-rregulación de la conducta de niños y jóvenes; sin embargo ésta no debe ser la única motivación que los alumnos deben poseer para desarrollar una conducta positiva. Si como adultos somos capaces de enfocarnos en todas y cada una de las cualidades y los aspectos positivos de nuestros alumnos, ya sea en cuanto a su personalidad, sus fortalezas y aptitudes y/o la conducta que manifiestan ya sea en el plano académico o interpersonal y retroalimentar estos comportamientos y reforzarlos, los alumnos reaccionan ante esta actitud con mayor probabilidad de repetir este tipo de conductas que les traen resultados positivos en todos los aspectos. Como escuela y como maestros es más motivante y efectivo que nuestro centro de atención sea lo positivo y aquello que deseamos reforzar que aquello que no redunda en los resultados esperados.

• **Establecer una adecuada comunicación.** Es solo a través de una comunicación fluida y adecuada y sobre todo segura, que podremos saber lo que sucede en las dinámicas del grupo cuando los maestros no estamos presentes. Como se mencionó anteriormente, los alumnos en forma general no denuncian problemas de bullying por miedo a ser ellos quienes ocupen el nuevo lugar de la víctima. Si los maestros en el centro escolar desarrollan una comunicación fluida y segura y/o proporcionan los medios para que esta exista, será más fácil que los alumnos comuniquen lo que sucede sin miedo a ser involucrados en la situación. Ejemplos de esto pueden ser:

♦ Buzón de denuncias anónimas de bullying.

♦ Cuaderno de denuncias anónimas de bullying.

♦ Sitio de internet de denuncias anónimas de bullying.

♦ Evaluaciones anónimas sobre bullying realizadas a la misma hora en todos los grupos.

♦ Pláticas con maestros o psicólogos de la escuela en los que se asegura confidencialidad.

• **Dar enfasis al papel determinante de los observadores.** Es importante dar un énfasis mayor al papel de los observadores o testigos que al de los acosadores o víctimas que es lo que frecuentemente se hace. Se parte de la lógica que los observadores no son los involucrados y se interviene en las situaciones correspondientes al bully y a la víctima lo que por supuesto no es incorrecto; sin embargo si logramos poner énfasis en la importancia de los testigos que son los que posibilitan y facilitan el bullying o no, reforzando las conductas que lo impiden, se lo-

grará un éxito mayor que únicamente enfocarnos en
el agresor y la víctima.

• **Revisar sistematicamente la dinámica de
cada grupo.** Cuando el maestr@ encargado del
grupo busca el modo adecuado de sistemáticamen-
te revisar la dinámica del grupo, poniendo atención
plena en los niños que empiezan a ser excluidos o
ya lo son y tomando acciones concretas al respecto, como integrarlos por medio de dinámicas o ro-
tando los lugares para trabajo común o compartir el
almuerzo para que se logre una interacción mayor
entre los alumnos, se evitará mayores conflictos.

Escuché de una maestra que terminando el día
realizaba un pequeño "test" a sus alumnos sobre los
niños más populares de la clase o sobre los niños
con los que cada quien había jugado, poniendo atención en el niñ@ que no se mencionaba nunca. A este
niñ@ buscaba la manera de integrarlo y hacerlo so-
bresalir, esta estrategia le evitó varios conflictos en
su grupo y así también promovió una adecuada integración grupal y ambiente de seguridad y confianza.

• **Manejo adecuado de las emociones.** Éste es
probablemente el punto más determinante de los
mencionados anteriormente. Cuando los alumnos
llevan un proceso por medio del cual desarrollan su
inteligencia emocional, el manejo de las emociones,

el adecuado manejo del enojo, formas de defenderse sin violencia y el proceso de una comunicación asertiva, los alumnos desarrollan una serie de habilidades que les posibilita integrarse mejor en un grupo y no convertirse en la víctima o en el agresor y, sobre todo, no convertirse en observadores sino que en agentes activos que promueven una adecuada socialización e integración en el grupo con base en el respeto mutuo de todos los integrantes. El programa *Alcanzando la inteligencia emocional* [2], promueven el desarrollo de las habilidades mencionadas y que se evite en gran medida la aparición del bullying y en caso de que éste surja, facilita que se intervenga en el bullying de un modo óptimo gracias a las habilidades con las que ya cuentan los alumnos.

El programa "Alcanzando la inteligencia emocional" facilita y promueve el conocimiento de uno mismo, con el fin de desarrollar una mejor **autoestima, un manejo adecuado de las emociones, especialmente el enojo, un auto-control y autorregulación de la propia conducta**, así como una **tolerancia a la frustración y una anticipación de las consecuencias** (desarrollo de habilidades de la inteligencia intrapersonal), lo cual posibilitará:

---

[2] Programa del cual soy autora; su objetivo principal es el desarrollo de la inteligencia emocional: consiste en 12 libros de trabajo, tres de preescolar, seis de primaria y tres de secundaria.

En el bully:

♦ Manejo de una sana autoestima, basada en una auto-imagen como un ser moral, noble y responsable.

♦ Manejo adecuado de sus emociones, especialmente el enojo, el cual le evite actuarlo en forma agresiva y violenta con los demás.

♦ Anticipación de consecuencias a acciones violentas y agresivas.

♦ Desarrollo de habilidades de auto-control, autorregulación y responsabilidad hacia sí mism@.

♦ Anulación de la falsa de creencia de que "la violencia es inevitable y resuelve todo".

♦ Desarrollo moral, social y emocional adecuados.

♦ Tolerar la frustración de no ser el centro de atención y menos por medios agresivos y violentos.

En la víctima:

♦ Que la seguridad y la autoestima no se vean tan afectadas, que se empiecen a desarrollar y se pueda partir de una base para enfrentar el conflicto.

♦ Que sepa que no merece el acoso, que no sienta vergüenza o la pueda manejar y en caso de sentirse indefensa, pedir ayuda.

♦ Que posea un mejor manejo de sus emociones, lo cual le auxiliaría en el manejo de los conflictos (especialmente el enojo y el miedo).

♦ Tolerar la frustración para enfrentar la situación con ayuda y volver a empezar.

♦ Enfrentar la sensación de ridículo.

♦ Fomentar la sensación de que se "cuenta con uno mismo".

♦ Valorar su vida y su persona y con esto prevenir un suicidio.

En los observadores:

♦ Adquirir la seguridad para decidir qué tipo de conductas eligen e imitan por propia convicción y no por temor.

♦ Tener la seguridad de denunciar alguna actitud o conducta en la que no están de acuerdo.

♦ Manejo frente a la presión de grupo.

♦ Percibir las consecuencias que en un momento dado tiene un comportamiento violento y así evitar reforzarlo y "admirarlo".

Todo esto se logra porque se facilita y promueve el conocimiento de la dinámica e integración social por medio del desarrollo de habilidades tales como:

◆ Escucha.

◆ Empatía (interpretación de las emociones en otros).

◆ Asertividad.

◆ Solución de problemas.

◆ Trabajo en equipo.

Habilidades de Inteligencia Interpersonal

Un programa como *Alcanzando la inteligencia emocional* facilita y promueve…

En el bully:

◆ Crear la conciencia del otro y de sus emociones.
◆ El entendimiento de que existen otras formas de resolución de conflictos y negociación más efectivos, los cuales no son violentos, ni agresivos.
◆ La comprensión y vivencia de que por medio de la cooperación y la aceptación de otros se trabaja mejor y en forma más eficiente.
◆ La conciencia de que vivimos en una sociedad en la que no se tolera la violencia y que ésta tiene sus consecuencias.
◆ El desarrollo de habilidades de vida y comunicación que le permitan la vivencia real de valores.
◆ Sensibilización frente al sufrimiento del otro.

♦ La creación y conservación de relaciones sanas, basadas en el respeto mutuo.

♦ La tolerancia, aceptación y responsabilidad hacia sus semejantes.

En la víctima:

♦ Adquisición y desarrollo de habilidades de defensión.

♦ Adquisición y desarrollo de habilidades de integración social, creación y conservación de amigos.

♦ Comportamiento y comunicación asertivos.

♦ Enfrentamiento de los problemas.

♦ Adquirir la capacidad de "leer" las emociones en el otro con el fin de anticipar consecuencias y saber cómo actuar.

♦ Evitar repetir patrones de conducta de agresor-víctima en futuras relaciones. (En las que se permite el sometimiento, especialmente a futuro, con la pareja).

♦ Dar oportunidades de logro que fomenten la autoestima.

En los observadores:

• Adquisición y desarrollo de un mayor nivel de empatía, que no sólo facilite la sensibilización al sufrimiento del otro, sino que también promueva

la actuación en su defensa y no en complicidad del
agresor.

• La comprensión y vivencia de una estructura
académica y una sociedad más justa en la que im-
peran los valores humanos y el ser humano valga
por sí mismo.

• La anulación de la creencia de que "a ley del
más fuerte" (en cuanto a violencia), es la más
efectiva y la deseable.

• Evitar y dejar de promover la alianza con líderes negativos, y simultáneamente evitar que
éstos sirvan como modelos.

• Adquisición y conservación de amigos con base
en el respeto y las relaciones sanas.

¿Cómo se logra?

Por medio de la integración de los padres al trabajo
que se realiza en la escuela:

♦ Conferencias.
♦ Cursos de padres.
♦ Tareas compartidas con los padres que fomen-
ten comunicación.

♦ Boletines que informen a los padres sobre lo que los chicos y jóvenes aprenden en la escuela.

En la intervención del bullying como escuela debemos...

¿Qué podemos hacer directores, maestros y padres en la escuela?

• **Estar informados.** Es determinante estar informados sobre lo que pasa en la escuela en relación con el acoso escolar en cada uno de los grupos, en los pasillos, en los patios, los baños y los camiones de escuela. De preferencia en la escuela debe existir un grupo responsable de difundir la información pertinente sobre lo que es el bullying y las políticas y reglamentos sobre el tema en la escuela, así como de detectar los problemas de bullying y proporcionar la pronta y directa intervención a corto largo plazo.

Es importante también prevenir el problema con el fin de que no se presente o por lo menos disminuya en calidad y cantidad.

Es deseable que el grupo encargado del bullying en el centro escolar lo integren: el director, la psicóloga del área y al menos un profesor de cada grado.

• **Detectar.** Como se mencionó en el capítulo anterior, fomentar una comunicación segura con el fin de que los alumnos puedan comunicar qué es lo que sucede en las dinámicas de grupo e intervenir inmediata y oportunamente cuando se sepa de algún caso vigente de bullying (ver capítulo 9 Establecer una adecuada comunicación).

• **Intervenir:** Solucionar el problema:

• **Evitar a toda costa encarar a víctima y acosador.** En muchos casos, la escuela considera adecuado encarar al acosador y a la víctima con el fin de "resolver sus diferencias y resolver el conflicto por medio del diálogo". En un conflicto regular entre pares, éste es el paso común a realizar y el más aconsejable, pues por medio del diálogo asertivo los niños y jóvenes aprenden a expresar sus emociones y puntos de vista, escucharse, así como a "negociar" y llegar a acuerdos mutuos de convivencia con base en el respeto. Sin embargo, cuando nos referimos a un caso de bullying la situación es distinta, ya que la víctima se siente totalmente desprotegida y vulnerable y no cuenta aún con los recursos para lograr defenderse y expresarse, independientemente del miedo que experimenta, especialmente si se le confronta con su agresor, en algún momento dado, puede llegar a sentir pensar que este evento la deja aún más vulnerable.

• Trabajar por separado con la víctima, el acosador y los observadores. El trabajo que se realizará con cada uno de los integrantes del bullying debe ser por separado y se explicará a continuación.

• Acosador. Se le citará a él/ella y a sus padres con el fin de informarles que la dirección de la escuela se encuentra enterada del comportamiento que ha venido ocurriendo y que bajo ninguna circunstancia se tolerará el mismo comportamiento desde ese momento en adelante. El alumn@ deberá junto con sus padres firmar una carta de compromiso en la que no sólo no se puede dirigir a la víctima, sino que tampoco se puede acercar a ella y por supuesto no organizar ningún tipo de situación, chisme, rumor o cualquier acción que se ejerzca en contra de la víctima, de lo contrario la permanencia del alumn@ en la escuela permanecerá cuestionable con la certeza de que si vuelve a suceder, el alumno perderá su lugar en la escuela. Así mismo los padres deben comprometerse a:

♦ No dirigirse a la víctima y/o los padres de la víctima.
♦ Evitar crear rumores hablando con otros padres sobre el suceso o la víctima.
♦ Dar a su hij@ ayuda terapéutica obligatoria.

◆ Cumplir con un comportamiento respetuoso y adecuado tanto en la escuela como fuera de ella con las personas pertenecientes a su grupo escolar.

Es determinante comprender que por un lado no se tomará la actitud de "culpar o reprender" al alumno, partiendo de que esta situación indica un conflicto emocional; sin embargo esta actitud tampoco justifica o protege la conducta del acosador y a los padres no se les pregunta si están de acuerdo o no con esta o su opinión respecto a la actuación de su hij@, simplemente se explica clara y contundentemente que ese tipo de conducta no se tolerará bajo ninguna circunstancia ni en la escuela ni fuera de ella entre los integrantes del grupo y se revisará que el chico o joven en cuestión sea tratado conductual (límites) y terapéuticamente de la mejor manera posible.

● **Víctima.** En relación con la víctima, es determinante mostrar empatía y apoyo total e incondicional con la víctima y con sus padres, ofreciendo protección a la víctima en relación con el acosador y como se mencionó anteriormente evitando confrontarlos.

Se debe aclarar a la víctima que no es culpable de lo sucedido y que se le apoyará en todo momento. Desafortunadamente existen casos en los que después del sufrimiento experimentado se re-victimiza a la víctima, esto quiere decir, que se le aumenta aún más sufrimiento "culpándola" de ser la responsable o de "haber inventado o provocado todo el suceso" dejando a los acosadores inmunes. Es básico tomar en cuenta este punto, pues de caer en esto, el acosador, obtiene más poder y la víctima queda aún más vulnerable y desprotegida.

La víctima y los padres de la víctima se deben comprometer a:

♦ No dirigirse al acosador y/o los padres de la acosador.
♦ Evitar rumores hablando con otros padres sobre el suceso o el acosador o bully.
♦ Ofrecer a su hij@ ayuda terapéutica obligatoria.
♦ Cumplir con un comportamiento respetuoso y adecuado tanto en la escuela como fuera de ella con las personas pertenecientes a su grupo escolar.
♦ Lograr dar un encuadre adecuado de conducta más el apoyo incondicional y la ayuda terapéutica, con el fin de proporcionar el ambiente de seguridad y confianza necesario para poder trabajar adecuadamente con el grupo y lograr erradicar el problema del bullying.

• **Observadores.** Generalmente se piensa que en una situación de bullying lo más importante es trabajar con el acosador y con la víctima y aunque por supuesto que es determinante trabajar a fondo con estos roles, pasa desapercibido que lo más importante y fundamental es trabajar con los testigos y observadores, ¿por qué?

Los testigos u observadores finalmente son la parte que sufre de ansiedad e inseguridad cuando sucede una situación de bullying sin saber que hacer al respecto, pero sobre todo debido a esto, son los que han permitido y facilitado que esta situación se desarrolle.

Cuando se trabaja con los testigos, que la mayoría de las veces son el 80% del grupo, existe la mayor probabilidad de que si se ha desarrollado conciencia sobre el problema y ellos no permiten el bullying éste no se disparará y se sofocará el proceso aun antes de iniciarse, es por esto que es tan importante trabajar con el grupo.

Cuando se concientiza al grupo en general que "no actuar y no denunciar", implica "decidir que el problema siga y de hecho permitirlo", con el riesgo de que en algún momento sean ellos mismos los que puedan ocupar el lugar de la víctima, los niños y jóvenes se alían para no permitir dinámicas que lastiman y dañan a otros, impidiendo así que el acosador tome más fuerza y se ejerzca bullying sobre alguien más débil e impere una atmosfera de miedo e inseguridad.

Con todo el grupo se debe trabajar sobre el conocimiento de lo que es el bullying, cómo evitarlo, cómo impedir que se propague y en su caso como intervenir en él.

Una vez que se ha trabajado por separado con el bully y la víctima y con los integrantes del grupo, es importante permitir que la dinámica del grupo vaya fluyendo en forma natural, observando con atención que se cumplan los requisitos que se sugirieron al bully y a la víctima, así como a sus padres y retroalimentar y reforzar conductas positivas de todos los participantes, la vez de realizar campañas informativas, dinámicas, concursos, juegos etc.

● Evitar culpar, justifcar y sobreproteger. En la intervención del bullying se tomarán las medidas necesarias previamente descritas; sin embargo, la actitud de maestros y directores debe ser fluida y natural, no deben tomarse posturas, ya sean de sobreprotección a la víctima o de culpar o estigmatizar al acosador. Se trabajará con cada uno aparte y no hace falta mayor carga a lo que ya se realiza en dirección, con los padres y maestros y en cada grupo. Actitudes de sobreprotección no permitirán que se desarrollen habilidades de autoestima y de integración social en la víctima y, a su vez, actitudes de culpa, estigma o satanización de la víctima definitivamente favorecerán que ésta tome una posición de estar a la defensiva que no ayudará en nada su proceso de sensibilización sobre el tema. Lo mejor es dejar que cada quien se encargue de su parte y los demás fluirá de un modo natural.

• Ser conscientes de las consecuencias de su conducta a corto y largo plazo. Como centro educativo se debe estar consciente de las consecuencias de la conducta de todos los participantes del bullying a corto y a largo plazo y precisamente por esto, erradicar inmediatamente cualquier proceso de bullying. Comprender que un acosador que no tiene un límite a su conducta agresiva, puede incluso llegar a tener comportamientos delictivos en un futuro y que perjudiquen sus relaciones sociales, comprender que la víctima si no aprende a defender sus derechos, se verá como una víctima toda su vida y que los observadores aprenderán que la violencia es impune y la "única" forma de solucionar, si no se les enseña otra forma, nos concientiza como educadores a formar a nuestros alumnos sobre una base de respeto mutuo en donde no se concibe la violencia como forma de relacionarnos y este punto no es negociable.

• Reconectar el sistema afectivo del bully y la víctima. Debemos recordar que tanto el bully como la víctima han apagado su sistema emocional por protección, es más seguro no sentir que sentir, por tanto sus emociones como sus relaciones han estado bloqueadas por mucho tiempo y hay que volverlas a reconectar, esto sólo se lograra por medio de la conexión sana y afectiva con otros. Sistemas de tolerancia cero y castigos, re-victimizan al bully una vez más, se hace lo mismo que se ha hecho siempre, excluirlo y rechazarlo. Es importante insistir en que no podemos esperar que al hacer esto se resuelva el problema que lo provocó. Es importante crear lazos afectivos entre los maestros y el bully y la víctima y éstos con sus compañeros a largo plazo, lo cual se logrará por medio del tiempo, de actitudes de paciencia, comprensión, afecto y con la ayuda de programas dirigidos al desarrollo de la inteligencia emocional. Asimismo es básico e intervenir el problema inmediatamente cuando se presente, estar atentos como maestros y directores a las señales a lo largo de todo el proceso y no sólo cuando la situación haya llegado a un punto de ser inmanejable.

• **Buscar ayuda terapéutica.** En relación con la víctima y al bully, la escuela no sólo debe sugerir, sino exigir que se le brinde ayuda terapéutica necesaria a estos dos participantes, primero con el objetivo de que sean auxiliados oportunamente, y por otro lado con el fin de que se logren definir las causas de la conducta de cada un@, ya sea al accionarla o al permitirla y eventualmente lograr corregirla, al tiempo que se da la contención emocional necesaria para sanar el dolor que se presenta en ambos casos.

La ayuda terapéutica también debe apoyar en el desarrollo de la autoestima y las habilidades sociales o de integración social.

• Mantener comunicación con los padres y trabajar en conjunto. Es imprescindible llevar a cabo una adecuada comunicación entre los directivos y maestros de la escuela con los padres y de ser posible con los terapeutas, ya que ésta posibilitará un mejor desenlace en el que idealmente la mayoría, si no es que todos los alumnos salgan ilesos y con un mayor aprendizaje sobre la vida, la socialización y, sobre todo, acerca del respeto hacia los demás seres humanos.

• Evitar propagar rumores. Una vez más, no podemos ser lo suficientemente insistentes en repetir una vez más, que estigmatizar, difamar y propagar chismes, no sólo no ayuda, sino que empeora en gran medida la situación. Ser conscientes de lo nocivo que esta conducta implica, nos ayuda a no actuarla y mucho menos promoverla. Como centro escolar se debe invitar a todo el personal del colegio, directores, maestros, prefectos etc. a evitar a toda costa

propagar rumores y/o favoritismos sobre algún caso
que haya sucedido en el colegio y evitar opinar ya
que, como se mencionó con anterioridad, estas conductas sólo agravan el problema.

CAPÍTULO X

La cultura de la denuncia

Es un hecho que los niños y jóvenes que poseen una actitud de "llevar el chisme" y contar inmediatamente todo lo que sucede acerca de los compañeros de clase a la maestra del grupo aunque no sea un problema que les interfiera directamente a ellos, genera que sean niños pocos aceptados y/o simpáticos por los demás compañeros del salón.

Sin embargo, en casos de bullying es determinante comprender la diferencia que existe entre un chisme y una denuncia.

Una denuncia anónima es un secreto que se transmite a las instancias adecuadas, con la intención de ayudar y ayudarnos. Se trata de un secreto porque frecuentemente es como se maneja el bullying, en secreto, y fuera del alcance de los adultos, y es de forma anónima, precisamente con el fin de no implicar a aquel que emite el mensaje. El objetivo de transmitir este mensaje, siempre es ayudar al que más sufre y evitar que este sufrimiento llegue al niño que denuncia o algún otro alumn@. Cuando se "acusa", el objetivo es distinto, de alguna manera el propósito es exponer al alumno o compañero que actúa contra las reglas, no siendo el rol del alumno cuidar su comportamiento.

No denunciar y dialogar entre padres y alumnos sobre alguna situación de bullying, convierte el asunto en un chisme, en un "secreto a voces", en el que se juzga sin conocer motivos y orígenes, que no lleva a ninguna solución, más bien la empeora y se habla en instancias no adecuadas.

Con base en estas conclusiones es determinante aprender y enseñar a nuestros hijos el valor que existe en la denuncia, con el fin de ayudar al más débil, al que más sufre y con el objetivo de hacer algo para modificar el ambiente en que vivimos y evitar convertirnos en las próximas víctimas de bullying.

Invitemos a nuestros alumnos e hijos a tener una actitud proactiva, en la que dirijamos nuestra conducta a hacer que las cosas sucedan y no a esperar a que sucedan; esto nos convierte en personas con iniciativa, capaces de hacer la diferencia en nuestra vida y en la de los otros.

CAPÍTULO XI

Cómo evitar que un menor se convierta en bully y cómo entender su forma de actuar

Ningún aprendizaje significativo puede ocurrir sin una relación significativa.

—Rita Pierson

Cuando escuchamos sobre algún menor que actúa de forma cruel y violenta agrediendo a algún compañero más débil y/o abusando de él o ella, es difícil comprender los motivos que lo llevan a actuar de tal forma y desarrollar empatía por esa persona se convierte en una difícil labor; sin embargo, si lo que deseamos es poder resolver esta circunstancia es determinante comprender cómo se conforma un bully y qué pasa por la mente y corazón de quien agrede.

Ningún ser humano nace siendo un bully o una víctima o deseando serlo y requieren de nuestra ayuda inmediata y urgente. La conducta del bully y de la víctima no es una conducta normal y/o común, ni aquella que le vaya a traer ningún tipo de bienestar y/o beneficio a su vida, ni a él o ella y/o las personas que se encuentran a su alrededor. Si deseamos evitar un daño menor o mayor para estos niños y para sus allegados es imprescindible comprender de qué forma nuestra sociedad engendra este tipo de situaciones.

Es difícil imaginarlo, pero convertirse en un bully o en una víctima es un proceso que se inicia en ocasiones desde el embarazo y se prolonga durante varios años. B. Bailey explica que pueden existir factores estresantes durante la gestación, en el embarazo, que pueden determinar que un bebe nazca con temperamento difícil. Este bebé que puede ser profundamente amado por sus padres, también puede ser el fruto de insatisfacción y frustración, generando cierto grado de rechazo en ellos.

Un bebé que puede llegar a presentar conflictos para ser alimentado y dormir, es probable que llore demasiado o que sea difícil de alegrar y sonreír, esto genera en su madre y/o padre o cuidador inmediato una sensación de fatiga física y emocional y falta de retroalimentación positiva. Debido a esto pronto la madre se siente desenergetizada, cansada y al no percibir afecto por parte de su bebé se genera un ambiente de tensión y de cierto rechazo alrededor de él. Bailey explica que el cuidador podría pensar para sus adentros: "¡Te amo, pero me es tan difícil enamorarme de ti!, ¡Nada de lo que hago sirve!, ¡Auxilio!" y es de esta forma que el bebé poco a poco empieza a sentirse rechazado y excluido.

Posteriormente este bebé se convierta en un niñ@ difícil de manejar, es desafiante, posee un comportamiento fuera de control y el padre y/o la madre empieza a castigarlo con el fin de disciplinarlo. Es en ese momento que empieza la primera victimización a sus propios hijos que como lo vimos a lo largo de este libro forma dos tipos de hijos:

♦ **Niños agresivos:** desafiantes y agresivos, con un fuerte temperamento.

♦ **Niños pasivos:** se convierten en sumisos y sometidos.

Ambos carecen de autorregulación emocional y de habilidades sociales pues no las han desarrollado adecuadamente debido al ambiente en el que han crecido y a su temperamento.

Estos pequeños, ya en el jardín de niños, se topan con ciertas dificultades debido a su falta de autorregulación emocional y habilidades sociales pues se encuentran en un ambiente social.

En este ambiente son excluidos y rechazados una vez más ya que si tenemos suerte la maestra sabrá cómo tratarlos, cuestión que no siempre sucede ya frecuentemente la maestra los hacen a un lado en "tiempos fuera" debido a su mala conducta y los otros chicos los encontrarán aburridos o les temerán, haciéndolos a un lado de nuevo.

El menor explotará en forma agresiva y reactiva sacando todo su enojo destructivamente cuando las cosas no salen como esperaba, golpeará y tomará lo que quiere y el pasivo permitirá ser golpeado y agredido, sin decir nada ni defenderse, cediendo a todo y a todos y callando su dolor sobre el rechazo y la exclusión. Ambos son incapaces de regular sus emociones y estas situaciones afectan gravemente su autoestima.

A falta de otras relaciones, el bully encuentra a la víctima y se "apropia de ella", diciéndole lo que tiene que hacer y sometiéndola, lo que dará la fuerza y la pertenencia que no encuentra en los demás y la víctima lo permitirá, porque no sabe cómo defenderse, porque cree que lo merece y porque en ocasiones prefiere el maltrato de una relación que la soledad.

Los cerebros de ambos niños crecen y se desarrollan en un estado de alerta y de estrés crónico, lo cual genera distorsiones importantes en la forma en la que se ven a sí mismos y a los demás y por supuesto afecta su aprendizaje. El menor agresivo ve en los demás intenciones hostiles y el pasivo cree que merece ser maltratado y recibe y acepta esa forma de trato.

Por otro lado los adultos tienden a ver al agresivo como malo y al pasivo como desmotivado y/o flojo; estas etiquetas impiden ver al adulto, al bully y la víctima que se está desarrollando en estos niños y este impedimento no posibilita prevenir y ayudar.

Ya en la primaria estos niños ansían con desesperación pertenecer y lo que encuentran es rechazo y exclusión por parte de sus compañeros y frecuentemente por parte de sus maestros. Son niños que han sido rechazados y excluidos desde su nacimiento, estas emociones les han generado un dolor emocional intenso. El dolor emocional es tan intenso que se percibe igual al dolor físico, de hecho involucra las mismas redes neuronales que el dolor físico.

El dolor que han experimentado genera que su cerebro sufra ciertos cambios y transformaciones. El dolor empieza a ser compensado con desconexión. Es más seguro desconectarse y no sentir; sin embargo, esto implica graves consecuencias ya que, a falta de emociones, desaparece la empatía, y es así como a estos niños dejan de importarles las consecuencias de sus actos, no anticipan, ni le importa lo que después pasará con ellos y los demás, simplemente deja de importarles.

Al dejar de sentir la empatía por sí mismos, lo que sería auto-empatía que implica el cuidar de sí mismos y la empatía, cuidar de los demás, esta habilidad que no sólo se deja de desarrollar, si no que desaparece.

En este momento si se le amenaza al bully diciéndole que se le expulsará, que se le castigará de cierta forma o quitándole ciertos privilegios etc. no sirve de nada, ya que simplemente nada les importa. Incluso la motivación positiva, como los premios, no sirve de nada. Tampoco la disciplina ayuda. La parte del cerebro que genera ilusión, empatía, esperanza se encuentra apagada, sólo hay miedo.

Cuando un niño dice: "No me importa nada", lo que está diciendo es: "No siento, "no me he sentido querido, ni cuidado por nadie, ¡mejor me protejo!".

Ya en la adolescencia, la necesidad de pertenecer continúa, esto puede hacer que el joven se vuelva parte a una banda de jóvenes ofensivos y bravucones o la jovencita de un grupo de "niñas malas" que agrede sin mirar a quién y por el placer de hacerlo. Ambos pueden agredir de forma emocional y/o física, por medio de amenazas, rumores, cyberbullying o cualquier tipo de violencia.

En este momento el bully ya es un adolecente peligroso, su cerebro ha cambiado bioquímicamente, siente placer al dañar a otros y con esto evita el dolor emocional de ser excluido y rechazado. Triste y peligrosamente se ha vuelto adicto a este tipo de bioquímica que le genera placer al dañar a otros, ya que independientemente del placer, le hace sentir seguro e inmune a las acciones que realiza y al rechazo y ostracismo de los demás.

Por otro lado, la víctima carece de esta bioquímica que ha desarrollado el bully y lo alivia y sufre en silencio hasta que el dolor es tan intenso que explota, dañándose a sí mismo y a todo su alrededor, aún hasta la muerte, sin que le importen las consecuencias. Ejemplos de esto lo hemos visto en los tiroteos de algunas escuelas.

Nuefeld explica que un acosador frecuentemente es un menor hipersensible que en algún momento de su vida se percibió a sí mismo como vulnerable y con mucho dolor. Esta personita seguramente sufrió algún tipo de maltrato, abuso o negligencia y debido a estas causas, se creó para sí mismo un sistema de defensa en el que entumió y/o bloqueo todos sus sentidos, incluidos sus sentimientos y emociones. El acosador o bully ha aprendido a lo largo del tiempo y difíciles y dolorosas experiencias que es más seguro no sentir que sentir. Seguramente a lo largo de su vida o en varias ocasiones ha sufrido situaciones de un dolor que le han llevado a bloquear la parte emocional con el fin de sobrevivir del mejor modo posible; sentir tristeza, llorar y/o aferrarse a alguien física o emocionalmente lo hacen vulnerable, por esta razón no se permite estas actitudes, pero son precisamente estas actitudes y emociones las que lo llevarían a lograr una mejor adaptación si se las permitiera.

La vergüenza y la intimidación son emociones que lo han lastimado mucho y lo siguen haciendo. Cuando percibe estas emociones, automáticamente las asocia con situaciones similares que ha vivido y es así como se se disparan reacciones de alarma y pánico que provocan una actitud de defensa y de agresión, en las que considera que "la mejor defensa es el ataque" y "es mejor atacar que ser atacado o abusado de nuevo" a volver a sentir dolor o sentirse vulnerable y/o desprotegido de nuevo. Esta actitud de defensa le impide pensar con claridad y anticipar las consecuencias de su conducta, además lo lleva a actuar en forma agresiva como una forma defensa. Es por esto que pretender que el acosador sienta empatía por su víctima es prácticamente imposible pues para él o ella la cuestión primordial es un tema de sobrevivencia; es por ello que someter al bully, avergonzarlo o exponerlo son prácticas que no ayudan a que su conducta se modifique, sino que logran que ésta se exacerbe, generando aún una mayor actitud defensiva.

El bully demuestra su dominio y superioridad abusando de alguien más débil, asegurándose así de no volver a ser él el débil (quizá repitiendo un patrón).

Otra forma de defensa que posee es el no permitirse aferrarse o depender de alguien física o emocionalmente, no se puede permitir la vulnerabilidad emocional que lo lastima; por eso no siente ni expresa sus emociones ni sus cambios de estado de ánimo, lo cual le impide sentir sus propias heridas; al no sentir sus propias heridas, se le dificulta la empatía. Así pues siente vacío de amor, afecto, reconocimiento y cercanía, todo esto le impide crear lazos afectivos y apego y le dificultan una maduración emocional, ya que sólo la persona que se siente plena en sus afectos puede formar lazos y/o vínculos afectivos sanos.

¿Cómo podemos relacionarnos con un bully y manejarlo adecuadamente?

Es determinante comprender que es esencial reconectar el sistema afectivo del bully y la víctima, y esto sólo se logra por medio de la conexión sana y afectiva con otros.

Sistemas de tolerancia cero y castigos revictimizan al bully una vez más, haciendo lo que se ha hecho siempre: excluirlo y rechazarlo. No podemos esperar que al hacer esto se resuelva el problema que hizo que se creara.

Es importante crear lazos afectivos a largo plazo e intervenir el problema inmediatamente cuando se presente, ver las señales, estar atento a todas ellas a lo largo del camino y no sólo cuando la situación haya llegado a un punto de ser inmanejable.

Primero debemos comprender que un acosador siempre estará polarizado en sus relaciones, todo será "bueno o malo", "negro o blanco"; se percibe vulnerable y por esta razón siempre está a la defensiva, difícilmente se abre con las personas, ya que eso implica un riesgo.

El que lo conozcan íntimamente o sepan sus secretos lo vulnerabiliza aún más. Pocas veces se ha percibido amado y especial por los demás y por esta razón no tiene confianza en otras personas. Todo esto lo hace tratar de dominar y demandar atención, favores, comidas etc. y por supuesto manifestando una actitud de carencia de amabilidad en el trato con los demás, no importándole el rechazo y resguardándose en la agresión y la violencia.

Neufeld explica que para lograr manejar adecuadamente a un bully, la actitud que debemos mantener con un él o ella, debe ser una actitud significativa, firme y clara, una actitud que demuestre guía, sana autoridad y seguridad, a la vez de calidez y acercamiento.

Es determinante invitar al contacto visual con el fin de empezar a contactar directamente con el ser humano, nuestro contacto visual debe ser expresar: "Mírame" para a la vez ser "vistos" por el o la bully.

Hay que tomar en cuenta que sin una conexión real no hay punto de partida, no hay relación. El contacto visual implica la presencia, cuando quizá nunca se ha sentido visto.

Una vez que se ha hecho el contacto visual, inmediatamente hacer un comentario, sonreír y asentir, ya que a través de estas expresiones faciales se está logrando contactar con el alma del ser humano que existe en el acosador.

Es importante evitar, a toda costa, las luchas de poder y/o actitudes que demuestren afán de dominio que pueda generar actitudes defensivas.

Por otro lado debemos realizar esfuerzos honestos por lograr una relación sincera, fomentar relaciones de fidelidad, vínculo y de sana autoridad, así como preservar contacto y conexión, que es lo que finalmente posibilitará llevar a cabo una relación exitosa con el bully y así poder ayudarlo a superar sus actitudes.

Acciones como compartir y promover acuerdos y negociaciones fomentarán el lograr negociar exitosamente con él o la bully; siempre se debe actuar pretendiendo que el bully necesita al adulto y él/ella es la solución a sus problemas; sin embargo es importante evitar relaciones de dependencia, aunque si de cooperación mutua, relaciones de tipo de "sociedad o socios" dentro de un acuerdo común.

También ayuda mantener un ritual del adiós, como por ejemplo: "¡Nos vemos!", "¡estamos en contacto!" que transmita y asegure que la relación continuará así como presentarlo a otros, y crear relaciones.

Cuando se habla de las habilidades sociales, hacerlo siempre en positivo, por ejemplo: "Haz" en vez de "No hagas" y buscar cuestiones en común. (gustos, preferencias, ideas, aficiones etc.) ya que esto crea pertenencia y evita actitudes de defensa.

Con el tiempo debemos sensibilizar al bully ya que cuando sienta sus propias heridas, dejará de herir a los demás. Es buena idea realizar un diario para ir notando los avances.

¿Qué no debemos hacer con un bully?

Así como existen cierto tipo de conductas que nos ayudarán a manejarnos mejor con el bully, hay cierto tipos de actitudes de que debemos evitar, por ejemplo señalar comportamientos sin dinámica, fuera del contexto, simplemente generalizando, usando expresiones como "tú siempre, tú nunca."

Dar consecuencias que no fueron anticipadas a su conducta provocará que se ponga a la defensiva y tarde más en sensibilizarse y entender cuál fue su error.

Es importante sensibilizarlo y retroalimentarlo pero en su momento, no demasiado "pronto".

Como se explicó con anterioridad, con los acosadores es determinante la importancia del vínculo, ya que sólo cuando hay vínculo existe la sana autoridad y sólo cuando existe una sana autoridad puede existir una sana estructura de conducta que sea llevada a cabo. El vínculo a formar con él o la acosadora debe ser un vínculo sano. ¿Qué es un vínculo sano? Para comprenderlo primero comprenderemos que es un vínculo incorrecto o insano. Existen dos formas de vínculo inadecuado:

• **Autoritario o dominante:** El padre o maestr@ es dominante y aversivo, es un padre, madre o maestro "bully", por llamarlo de alguna forma, que provoca actitudes defensivas en el niño y/ o joven, como castigo, critica, desprecia, humilla, excluye y por supuesto no asume su responsabilidad.

• **Dependiente:** El padre o maestr@ dominad@. Es un padre o maestr@ débil, a la "demanda" y que no ejerce ningún tipo de autoridad sobre sus hijos y/o alumnos.

Vínculo adecuado:

• **Padre independiente:** Padre o maestro que expresa con su actitud y sus acciones una sana autoridad, cuidado, afecto y amor. Trasmite mensajes implícitos y explícitos como: "Estoy a cargo de ti", "te cuido", "soy responsable de tu persona", "te guío", "te doy respuestas".

El vínculo adecuado es el que:

♦ Protege.

♦ Guía.

♦ Aporta una sana autoridad no basada en autoritarismo, gritos, amenazas, golpes, castigos, burlas, etiquetas, devaluaciones.

♦ Habla de la conducta, no de la persona.

♦ Ama, se expresa con palabras, con contacto visual, con contacto físico, con abrazo, con sonrisa sincera.

♦ Reconoce y expresa lo positivo.

♦ Usa lo negativo como una oportunidad de crecimiento personal y un aprendizaje.

♦ Otorga espacio físico y en tiempo para compartir.

La relación de la falta de vínculo familiar y el bullying

Gordon Neufeld explica que el vínculo familiar es aquel lazo que se gesta y se desarrolla en una forma natural dentro de un ambiente familiar sano y propicio y que es esta relación precisamente la que facilita que espontáneamente los padres o cuidadores se conviertan en criadores, confortadores, guías, módelos, maestros y entrenadores de sus hijos.

Neufeld afirma que es el vínculo familiar el que evita que los chicos y jóvenes adopten papeles de víctimas o victimarios (bullys).

Reflexionando sobre esta afirmación, es lógico que cuando existe un vínculo familiar sano y firme se evite que los hijos se conviertan en bullys y/o en víctimas, ya que éste fomenta mayor probabilidad de que los hijos adquieran una autoestima alta y seguridad personal como se mencionó a lo largo del libro y son precisamente estos factores los que funcionan como un escudo protector contra el bullying.

Agrega Neufeld que en las últimas décadas el vínculo familiar se ha debilitado y con este surge el riesgo de que niños y jóvenes no sólo debiliten su autoestima y con esto multipliquen la posibilidad de convertirse en acosadores y/o víctimas, sino que también se conviertan en los orientadores primarios de otros niños y jóvenes y que esta situación facilite y favorezca la aparición de bullying. ¿Qué significa esto?

Actualmente, en no pocos casos, debido a un vínculo familiar débil, los padres, que naturalmente deberían ser los guías y orientadores primarios de los hijos, son sustituidos por los compañeros de sus hijos. Los hijos buscan guía, orientación y pertenencia en sus compañeros y no en sus padres, ya sea porque no la buscan o simplemente no la encuentran. Esta situación generá que los chicos queden expuestos a la falta de sensibilidad de sus compañeros, los cuales también se perciben vulnerables y cada uno lucha por encontrar un lugar sin importar lo que tenga que hacer por pertenecer al grupo. Esta lucha por la pertenencia al grupo genera ansiedad y una lucha de poderes en el grupo.

Neufeld afirma: "Cuanto más importantes son los iguales, más niños quedan devastados por la falta de sensibilidad de sus compañeros, por el hecho de no encajar entre ellos y por el rechazo y el ostracismo percibidos por los afectados".[3]

Está claro que un compañero nunca podrá, aunque sea un buen amigo, amar incondicionalmente a un compañero como lo hace un padre o una madre a un hijo, ni tendrá los conocimientos ni la experiencia

---

[3] Neufeld Gordon, *Regreso al vínculo familiar*, EUA: Editorial Hara Press, 2008.

que un padre puede otorgar a un hijo. Es por estas razones que cuando un padre es el orientador primario del menor le ofrece un lugar de pertenencia y le otorga la posibilidad para desarrollar su autoestima y seguridad de una forma que ningún compañero lo podrá hacer nunca por un igual y con este vínculo familiar le ofrecen los padres a su hijo un antídoto ideal contra el bullying.

¿Quiere decir que los niños o jóvenes no deban tener amigos? ¡Por supuesto que no! Pero nunca como un sustituto de los padres o cuidadores, que los hunda en la falta de vínculo, guía, apoyo y pertenencia al núcleo familiar.

Nuefeld afirmar que el regreso al vínculo familiar posibilitará a niños y jóvenes:

♦ Un sano desarrollo de su autoestima.

♦ Una seguridad personal.

♦ Desarrollo de la inteligencia emocional y habilidades sociales.

♦ Obtener guía y orientación por parte de sus guías y orientadores.

♦ Contar con el apoyo incondicional de sus padres o cuidadores.

♦ Un sentido de seguridad, de pertenencia y sentido de vida y de familia.

¿Cómo lograr y/o regresar al vínculo familiar?

Reforzando el vínculo afectivo con los hijos, por medio de:

1. La presencia física (presencia y proximidad) y emocional. No sólo aumentar la calidad en nuestros encuentros, también la cantidad de tiempo que pasamos con nuestros hijos.

2. Lograr que los hijos se identifiquen con sus padres, en sus valores, su personalidad, sus gustos, intereses y preferencias. Compartir con nuestros hijos todo aquello que nos es importante, nos gusta, nos interesa y permitir y favorecer que ellos hagan lo mismo. Estas actitudes lograrán la imitación de nuestras conductas y evitarán que deseen distanciarse de nosotros sus padres. La identificación la lograremos por medio de la atracción hacia aquello que nos parece agradable y positivo, y no se repele, debemos ser un ejemplo positivo en la vida de nuestros hijos.

3. Desarrollar pertenencia al grupo familiar. Esta pertenencia genera lealtad a la familia, se logra por medio de "incluir" en vez de "excluir" ya sea en actitudes, en no comparaciones, en actividades con toda la familia.

4. Establecer límites claros, firmes, anticipables, consistentes y constantes que se puedan negociar con los hijos. Enmarcar la conducta de nuestros hijos genera seguridad y estabilidad.

5.- Desarrollar la tolerancia a la frustración (evitando la sobreprotección). Cuando evitamos darle "todo resuelto" a nuestros hijos y les ayudamos a marcarse metas y un camino para alcanzarlas, les estamos fomentando tolerar la frustración al esforzarse por lograr alcanzar sus metas y en el proceso saber que cuentan con todo nuestro apoyo.

6. Demostrar a los hijos que son personas significativas e importantes en la vida de sus padres. Expresándolo por medio de nuestras palabras, nuestras acciones, dando prioridad a todo lo que sucede en la vida de nuestros hijos, siendo parte primordial en sus vidas, ofreciendo cantidad y calidad de nuestro tiempo. Desarrollar una sana y fluida comunicación que incluya una escucha efectiva.

7. Expresar sentimientos de amor y cariño de cualquier forma que sea posible: oral, escrita, por medio del contacto físico, etc. Cualquier forma de expresión de amor es válida y bien recibida, si los niños se saben amados, sabrán expresar amor.

8. Estar dispuestos a conocer a nuestros hijos, sus sentimientos, sus pensamientos, sus secretos, **sin juicio ni moralizaciones** y a aceptarlos y amarlos como son. Comprender que al igual que nosotros, nuestros hij@s, son seres humanos imperfectos en proceso de aprendizaje constante y estar dispuestos a acompañarlos en este proceso sin esperar a que sean como quisiéramos como fueran, sino a aceptarlos como son y a sentirnos orgullosos por ellos y amarlos de esta forma.

9. Retroalimentar (dar una información clara, objetiva específica y en el momento sobre la conducta del niño) a nuestro hijo sobre las conductas positivas que demuestre. Si deseamos reforzar una conducta, es importante reconocerla y que mejor que retroalimentar esta conducta, reconociéndola en el momento y haciéndole ver a nuestro hijo que la vemos y que nos sentimos orgullosos de ella.

10. Brindarles tiempo y espacio de calidad. Lo más importante que podemos regalar a nuestros hijos es nuestro tiempo, pero especialmente nuestro tiempo de calidad. Cuidemos que el tiempo que pasemos con ellos, sea un espacio en el que invirtamos en amor, en comunicación, en la transmisión de sanos modelos y ejemplos, en el reforzamiento de conductas positivas, de mane-

jo de emociones y de disfrutar cada momento en compañía mutua.

Lograr regresar al vínculo familiar proporcionará al niño y/o joven los recursos necesarios para:

♦ Enfrentarse a todo tipo de conflictos.

♦ Adaptarse a su medio.

♦ Especialmente evitar la fuerte incidencia de suicidio entre adolescentes.

CAPÍTULO XII

Las redes sociales y el ciberbullying

*El fuego puede quemar
o puede calentar,
no es malo o bueno por sí mismo,
sino el uso que hagamos de él.*

Como se comentó con anterioridad, el bullying ha sido un fenómeno que siempre ha existido y por las diversas razones señaladas, hoy en día éste se presenta con mayor fuerza e intensidad tanto en calidad como en intensidad. Uno de los factores que actualmente agrava este problema es el bullying que se da por medio de las redes sociales o ciberbullying. Por esta razón he decidido escribir un capítulo específico para explicar lo que hoy en día implica internet en la vida de nuestros niños y jóvenes, cómo se relaciona con el bullying y qué es el ciberbullying, cómo se da y cómo podemos evitarlo y combatirlo.

Internet

La forma gracias a la cual hoy todos podemos estar conectados es el internet. Gracias al internet podemos compartir información, fotos, publicaciones y juegos; podemos divertirnos, opinar sobre distintos aspectos de la sociedad, la política y el mundo general, así como también logramos enterarnos de las últimas tendencias en modas, en educación, en psicología y saber sobre los últimos avances científicos, tecnológicos y sobre movimientos sociales y económicos o acerca de la vida de ciertas personas que de otra forma probablemente nunca escucharíamos.

Es un hecho que internet es un espacio de uso en el que predominan los jóvenes y aunque hoy en día muchos adultos hacen uso de él. Para los jóvenes es un lugar que ha existido desde que nacieron, es un lugar de acceso cercano a sus vidas y se relacionan en él con facilidad y toda naturalidad. Las actividades más populares que realizan los jóvenes en línea consisten en las relacionadas con música, deportes, humor y noticias. Los jóvenes también hacen uso activo del correo electrónico, hablan por Messenger, descargan música y películas y por supuesto usan las redes sociales como Facebook y Twiter. Estas actividades las desarrollan por medio de computadoras o a través de otros medios móviles.

Las redes sociales permiten a los jóvenes conectarse entre sí de distintas formas, ya sea en forma pública o privada, intercambiando en estas relaciones, información, fotos, videos y documentos, para fines educativos, de recreación, sociales y/o lúdicos etc.

En forma general las redes sociales facilitan:

♦ Crear un perfil personal con información sobre un@ mism@.

♦ Agregar personas a este perfil y establecer contactos y vínculos.

♦ Acceder a los contactos de los contactos.

♦ Funcionar como un negocio, ya que las redes suponen una auténtica revolución en múltiples ámbitos de la vida, en la forma de comunicarnos, relacionarnos, trabajar, hacer negocios, etc.

♦ Desarrollar nuevas estrategias de educación, en las cuales profesores comparten con sus alumnos contenidos diversos, videos, fotos, enlaces de interés etc., asesorándolos y guiándolos por diversos medios, invitando así a sus alumnos a participar en el proceso de aprendizaje de distintos modos.

♦ Crear oportunidades profesionales por medio de la facilitación de redes de contactos entre personas del mismo sector. A través de estas redes se puede encontrar u ofrecer empleo y compartir información relevante a cada sector.

En cuanto a las relaciones sociales el internet facilita la comunicación entre personas que pueden encontrarse a kilómetros de distancia y así acercarlas; desgraciadamente propicia otra forma de alejamiento ya que estos medios frecuentemente nos alejan de las personas más cercanas a nosotros en la vida real.

El internet da voz a los jóvenes permitiéndoles expresar sus opiniones por medio de las redes y expresar así lo que les gusta, les disgusta, les preocupa o en su caso expresar aquello en lo que están de acuerdo. También permite a jóvenes y adultos organizar eventos de magnitud e invitar a movimientos de todo tipo a un gran número de personas.

Desventajas del internet

- **Creación de personalidad falsa.** Como se mencionó en el punto anterior, el internet no sólo nos puede alejar de las personas más cercanas a nosotros, sino que también puede contribuir a formar y manifestar una personalidad falsa, haciendo creer a los demás una imagen de uno mismo distinta de la que se es en realidad, con base en las fotos que se publican, en la imagen que uno desea transmitir de sí mismo y con base en la información que se comunica, "tratando de vender" a los demás un perfil distinto al real y verdadero.

• **Acceso descontrolado a la privacidad.** Las redes sociales posibilitan que los adolescentes publiquen datos de índole personal, poniéndose así en riesgo, ya que son datos que pueden estar disponibles a cualquiera que acceda a su perfil. Los jóvenes publican sus datos sin estar conscientes del riesgo que esto implica, ya que una vez subida la información a la red ésta permanece ahí para siempre y es imposible controlar el número de personas que puede acceder a dicha información con todo tipo de fines.

• **Sexting.** El sexting implica enviar a novios, "amigos" o a cualquier persona que el adolescente desee, todo tipo de información, contenido, fotos, videos etc. que tenga un contenido erótico/sexual. Como se mencionó en el punto anterior, una vez subida la información a la red, permanece ahí para siempre, y es imposible de ser controlada. Desgraciadamente esta información puede ser usada de forma no deseada, dañina, perjudicial y en contra de los propios jóvenes que no anticipan el daño que estas acciones les pueden causar. La clave se encuentra en evitar este tipo de situaciones.

• **Grooming.** Implica la acción de un adulto que toma una identidad falsa y seduce a algún niño o joven por medio de las redes sociales para eventualmente poder acosarlo y abusar sexualmente de él o ella. El acosador crea una identidad falsa para ganarse la confianza de la víctima y lograr conseguir de ésta un contenido comprometedor para después poderla chantajear.

• **Robo de identidad.** Implica la acción de una persona que entra al perfil de otra tomando los datos personales de su perfil y con base en éstos se logre hacer pasar por la persona original confundiendo a las personas de su alrededor y/o a sus contactos y dañando así gravemente su imagen, publicando información o contenido falso u ofensivo que lo pueden perjudicar. Asimismo quien se hace pasar por la otra persona puede "poner palabras en la boca" de la persona original con el objetivo de hacer daño a un tercero, perjudicando así a ambos, "al que emite" la información sobre el tercero y al tercero sobre el que se generan rumores, acusaciones, difamaciones y juicios. Para evitar este problema es imprescindible mantener con buen cuidado las contraseñas de entrada a los datos de la propia privacidad y de preferencia no publicar información personal que nos pueda perjudicar.

• **Ciberbullying.** En relación con el tema tratado en este libro éste es el asunto que más no ocupa. Como lo vimos con anterioridad, el bullying es una forma de violencia que se puede manifestar de distintas formas y es un fenómeno que ha existido siempre; sin embargo el ciberbullying es una forma de bullying reciente que se generó a raíz del uso indebido e inadecuado del internet y que actualmente agrava aún más el problema de acoso escolar en comparación a como se dio en generaciones anteriores.

El ciberbullying consiste en usar toda la tecnología que involucra a las redes sociales con el fin de acosar a una víctima. La víctima sufre algún tipo de agresión como puede ser un rumor, alguna difamación, juicio, chisme, burla, insulto, amenaza, chantaje etc. por cualquier tipo de vía electrónica frente a todos los miembros que componen la red social. Este acoso no tiene límites, ya que no se da únicamente dentro del espacio escolar sino que abarca a todas las personas que pueden tener el acceso a dicha red, pudiéndose incluso convertirse en un rumor viral (que abarque a miles de personas que lo comunican entre sí). El acosador en este caso "no tiene cara", se puede fácilmente esconder en el anonimato, lo que le facilita perpetuar la agresión con mayor confianza e intensidad y sin ningún miramiento. El ciberbully puede ser cualquier persona, y no poseer el perfil de un joven en particular, puede tratarse del alumno más estudioso, de aquel más tímido o del resentido que teme manifestarse.

¿Qué debemos hacer los padres y maestros?

Educar sobre la importancia de la privacidad

Es determinante educar sobre la importancia de cuidar la privacidad en todos los sentidos, ya sea de nuestros datos personales, como de nuestras conductas y de nuestro propio cuerpo. Enseñar a los niños y jóvenes a anticipar sobre el riesgo de no cuidar nuestra privacidad, les evitara mostrarse a cualquiera y por lo tanto los protegerá evitando ser un blanco frágil y vulnerable para aquellos que están al acecho de información para hacer daño. Los niños y jóvenes deben comprender que sus datos no deben estar al alcance de cualquiera al igual que sus contraseñas, así mismo deben ser precavidos con las personas que aceptan como sus contactos y especialmente lo que publicarán acerca de su vida, pues como lo comentamos, esta información permanece en la red para siempre y se encuentra al alcance de cualquiera.

Denunciar y buscar ayuda ante una agresión

Una agresión nunca debe quedar sin ser resuelta. Siempre se debe denunciar a los administradores de las redes sociales y a la autoridad, incluso al centro escolar. Niños y jóvenes deben saber que deben pedir ayuda y no actuar solos por miedo a una amenaza o chantaje o lo que es peor, dejar de actuar. Al final de este capítulo se encuentran algunas páginas de denuncia en caso de acoso.

Saber qué miran nuestros hijos, dónde y a qué hora

Es preferible que nuestros hijos naveguen en internet estando nosotros con ellos y en redes que nosotros como padres conozcamos y aprobemos, de preferencia y cuando es posible, conocer sus contraseñas y poder revisar oportunamente el contenido que están manejando en sus perfiles. Es importante considerar la edad en la que un niño debe portar un teléfono celular, sobre todo si este tiene internet y buscar el modo de limitar el uso de este.

Fomentar un diálogo abierto, ambiente de seguridad y confianza

Sólo un diálogo abierto y sincero entre padres e hijos, maestros y alumnos, fomentará que los niños y jóvenes se sientan con la confianza necesaria para acudir a sus adultos en caso de solicitud de ayuda. Saber que cuentan con personas que los apoyan y los ayudarán incondicionalmente y sin juicio posibilita que los jóvenes denuncien y busquen el apoyo adecuado y evitar sentirse solos, sin ninguna solución y con desenlaces terribles a una situación de sentirse sin salida.

Enseñar a hacer buen uso de las redes sociales

Iniciamos este capítulo con la frase: "El fuego puede quemar o puede calentar, no es malo o bueno por sí mismo, si no el uso que hagamos de él", pues lo mismo sucede con las redes sociales, pueden ser recursos maravillosos o trampas mortales, todo depende del uso que les demos, enseñemos a nuestros hijos y alumnos hacer buen uso de las redes sociales y el internet.

¿Qué hacer como padres si sospechamos que nuestro hijo sufre ciberbullying?

El Ministerio del Gobierno de España publicó los siguientes puntos como guía a los padres en caso de ciberbullying. Me parecen muy interesantes y puntuales:

1. **Escuchar con atención a los jóvenes.** Aprender a escuchar con atención a nuestros hijos y/o alumnos, leer entre líneas, interpretar el lenguaje corporal, lo que se dijo y lo que no se dijo, es una de las habilidades más importantes que como padres y maestros debemos desarrollar y sobre todo en un caso de sospecha de ciberbullying. Debemos recordar que probablemente nuestro hijo o alumno se sentirá apenado o responsable de la situación que está viviendo, por lo que no será fácil que hable y exprese lo que siente y sucede. Darle la confianza y apertura para hacerlo, asegurándole y garantizándole nuestra confianza, nos posibilitará que lo haga; si no lo logramos, brindémosle la oportunidad de que se pueda expresar y comunicar con otros adultos que lo puedan ayudar.

2. **Reforzar la autoestima y nunca culpabilizar.** Es importante hacerle ver a nuestro hijo que él no tiene la culpa de ninguna situación de bullying

y/o ciberbullying que pueda estar viviendo y debemos asegurarle nuestra confianza, cariño y apoyo en un momento tan difícil y sobre todo, festejar el que haya compartido con nosotros una situación tan difícil.

3. Planear una estrategia de acción. Elaborar un plan de acción que genere que nuestro a nuestro hijo o alumno se sienta acompañado, contenido, y apoyado y que le asegure que el plan será para su beneficio y bienestar.

4. Mantener una comunicación constante entre escuela y padres. Como se mencionó anteriormente el trabajo conjunto entre escuela y padres es lo que garantizara el éxito de cualquier estrategia que se use para evitar o intervenir en el bullying de cualquier tipo, por tanto es determinante informar al colegio sobre los planes a llevar a cabo en relación a algún caso de ciberbullying y de preferencia involucrarlos.

5. Guiar a los hijos sobre la forma adecuada de actuar frente al ciberbullying.

a. Primero que nada, es imprescindible que los jóvenes aprendan a responsabilizarse de todo aquello que suban y comprendan que todo el tipo de información que ahí aparezca permanecerá en las redes para siempre, por lo que es sumamente importante moverse con cautela y saber que se va a presentar. Siempre es mejor evitar que intervenir.

b. Se recomienda no responder a la provocación para romper la dinámica del acoso. Los agresores siempre tratan de llamar la atención, ignorarlos es quitarles fuerza. Si esto no funciona, tratar de comunicarse con el agresor en forma respetuosa y firme y pedirle que pare. Es importante revisar que la víctima se sienta preparada para hacerlo y/o ayudarlo a transmitir el mensaje.

c. Ayudar al joven agredido a contactar con sus emociones y a comprender que se ha traspasado el límite del respeto a su persona y que si se siente amenazado física o emocionalmente debe buscar ayuda.

d. Animarlo a buscar amigos. Como se revisó a lo largo de este trabajo, es más probable que el acosador agreda a un chico solitario que a alguien que se encuentre acompañado y lo puedan apoyar.

e. Bloquear al acosador y denunciar los contenidos abusivos. La mayoría de los servicios de redes sociales permiten bloquear a las personas que actúan de esta forma y se puede denunciar contenidos ofensivos.

f. Guardar las evidencias. Es recomendable hacer esto en caso de que se necesiten en un futuro en el centro escolar o con las autoridades.

g. Fomentar la empatía. Es importante fomentar la empatía en los jóvenes, con el fin de que puedan comprender cómo se siente la víctima de ciberbullying y el impacto que ésta sufre, e invitarle a escuchar a la víctima y prestarle apoyo.

6. **Buscar ayuda de expertos.** En la parte inferior encontrarás algunos sitios que funcionan como "líneas de ayuda", donde puede encontrarse información y mediación sobre casos de ciberbullying.

7. **Denunciar casos graves.** Ante casos graves es importante denunciarlos. En la parte inferior encontrarás algunos sitios en los cuales se puede denunciar el ciberbullying y/o pedir asesoría para hacerlo adecamente en la instancia adecuada según el caso.

8.- **Asegurarse de que nuestro hijo se siente cómodos solicitando nuestra ayuda.** Es importante asegurarnos que nuestro hijo no se sienta amenazado en cuanto a perder algún privilegio por hacerlo o sentirse amenazado en su grupo escolar o escuela, de otra forma será difícil que exista la confianza y el diálogo y vuelva a solicitar nuestra ayuda.

Páginas de interés

A continuación presento algunas páginas web que pueden ser de interés en la educación contra el ciberbullying y que pueden servir como páginas de ayuda donde se pueden encontrar abogados y psicólogos expertos en el tema.

Páginas de recursos educativos:
- ◆ www.generacionesinteractivas.com
- ◆ www.infanciaytecnologia.com
- ◆ www.cuidadoconlawebcam.com
- ◆ www.alia2.org
- ◆ www.anar.org

Páginas para denuncia y asesoría contra el bullying:
- ◆ www.protegeles.com
- ◆ www.internetsinacosos.com
- ◆ www.denuncia-online.org
- ◆ http://asi-mexico.org/sitio/
- ◆ www.fundacionenmovimiento.org
- ◆ red.es

CAPÍTULO XIII

Conclusión y comentarios finales

La mejor educación es la que nace
y se da de corazón.

Se ha terminado el libro y con éste le descripción de lo que es el bullying y las propuestas para evitarlo e intervenir en él, pero de ninguna forma se ha terminado el arduo trabajo que ha de realizarse para solucionar este grave problema, hay mucho aún por hacerse.

Comprender que el bullying es a su vez un reflejo y un resultado de nuestra sociedad, una consecuencia sobre la forma en la que interaccionamos unos con otros, una respuesta a los valores con base en los que nos relacionamos y sobre todo el espejo de la forma en la que educamos y transmitimos a nuestros hijos y alumnos lo que es correcto y lo que no lo es para nuestra vida en sociedad, nos lleva a hacernos una profunda reflexión sobre aquellos que transmitimos a los más jóvenes por medio de nuestros ejemplo, de lo que decimos y hacemos y sobre todo por medio de lo que no decimos y no hacemos y permitimos que continúe sucediendo.

El fenómeno del bullying ya ha cobrado muchos casos de víctimas infelices y resultados trágicos, tanto en niños como en jóvenes, en lo individual como en lo familiar y social, tanto en los roles de víctimas, como de abusadores y observadores.

Ya es momento que tanto padres, como escuelas, maestros y autoridades gubernamentales logren estructurar esta situación y poner fin a eventos que generan tanto sufrimiento a toda la sociedad pero especialmente a los niños y a los jóvenes.

Los niños y jóvenes tienen el derecho inalienable a crecer y a desarrollarse en un ambiente de seguridad y confianza, en el que puedan explorar, aprender y crecer en todos los sentidos, sin el miedo a encontrar en su camino rechazo, exclusión, alineación y dolor contando con el apoyo y cuidado de sus adultos.

Situaciones de rechazo, exclusión y maltrato generan en los niños y jóvenes estados de alarma y en algunos casos, incluso estados de disociación que no sólo impiden el adecuado aprendizaje, sino que también dificultan una correcta socialización e integración social con las graves consecuencias repasadas a lo largo de este estudio.

Una niñez y una juventud vividas en estados constantes de acoso y de bullying no pueden crecer de una forma sana y proactiva para su sociedad y su país. Comprender que estos niños y jóvenes son nuestro presente y nuestro futuro inmediato nos compromete a fundamentar las bases de una sociedad que se estructure en el respeto mutuo y por tanto en la paz social y la civilidad para el bienestar del individuo y de todo un país. Hablar de bullying es hablar de todos y el éxito en "bullear al bullying" nos beneficiará a cada uno de nosotros. Te invito a esta profunda reflexión y a poner tu granito de arena en esta lucha, ¡juntos lo podremos lograr!

Bibliografía

Arón S. Ana María, Milicic M. Neva, *Vivir con otros*, Programa de desarrollo de habilidades sociales, Ciencias de la Educación, Preescolar y Especial, General Pardinas Madrid, España.

Bailey Becky, *How To Make A Bully (From Scratch)*, recuperado el 14 de octubre 2016, de Conscious Discipline: www.youtube.com/watch?v=tzftHNh7xP8&feature=youtu.be

Cobo Paloma, Romeo Tello, *Bullying en México*, México: Editorial Lectorum, 2008.

Dan Olweus, *A Student is being bullied or victimized when he or she is exposed, repeatedly and over time, to negative actions on the part of one or moreother students* (Olweus, 1986 y 1991).

___*Bullying at School*, Estados Unidos: Blackwell Publisihing, 2006.

Geffner Robert A., Marti Loring, Young Corina, *Bullying Behavior, Current issues, Research and Interventions*, Estados Unidos: The Haworth Maltreatment & Trauma Press, 2001.

Inés Monjas Casones, *Programa de Habilidades de Interacción Social*. España: CEPE, 1997.

London Silvia, Benabib Marifer, *Bullying o acoso escolar*, Curso, 2008.

Neufeld Gordon, *Regreso al vínculo familiar*, EUA: Editorial Hara Press, 2008.

Smeke Sofía, *Alcanzando la inteligencia emocional*, México: Editorial Noriega (seis libros para primaria y libro para secundaria): página web: www.aie.com.mx, y www.emotionscarecenter.com.mx

Valle Trixia, *Ya no quiero ir a la escuela,* México: Random House Mondadori.

Índice

POR FIN, FIN AL BULLYING
—una guía para padres y maestros—
de SOFÍA SMEKE

Se terminó de imprimir en agosto de 2017 en Guadalajara, México. Se tiraron 1000 ejemplares. Para su diseño se usaron fuentes Century Schoolbook y Gotham Rounded a 9-30 puntos. El cuidado de la edición y la corrección fue por cuenta de la autora. El diseño editorial y la impresión fue por cuenta de Punto&Coma, servicios editoriales.

www.imprimetulibro.com
www.librosinvisibles.com/puntocoma
Tel. 33 14822765
informes@librosinvisibles.com